Ann Sepolveda

Favole moderne per crescere bambini intelligenti

EDICART

Referenze fotografiche
Gli Editori sono grati alle seguenti persone e organizzazioni per il permesso di riprodurre le loro opere. Si prega di segnalare le eventuali involontarie omissioni, alle quali si provvederà nelle prossime edizioni.
Copertina e frontespizio: Ionutt Dan Popescu © 123RF.com; pag. 7: Dazdraperma © 123RF.com; pag. 8: Dazdraperma © 123RF.com; pag. 9: Dazdraperma © 123RF.com; pag. 11: Boris Roz © 123RF.com ; pag. 13: i images © 123RF.com ; pag. 14: Anton Lopatin © 123RF.com; pag. 17: jolka © 123RF.com ; pag. 19: Boris Roz © 123RF.com ; pag. 23: i images © 123RF.com pag. 24: i images © 123RF.com ; pag. 26: Tetiana Kozachok © 123RF.com; pag. 29: Pavlo Syvak © 123RF.com; pag. 30: Bakhtiar Zein © 123RF.com; pag. 32: Rossella Apostoli © 123RF.com; pag. 35: Dazdraperma © 123RF.com; pag. 37: lineartespilot © 123RF.com; pag. 38: Suryadi Djasman Kartodiwiryo © 123RF.com; pag. 39: Danilo Sanino © 123RF.com; pag. 43: Diana Johanna Velasquez © 123RF.com; pag. 46: Peter Neu © 123RF.com; pag. 52: Dazdraperma © 123RF.com; pag. 53: Arak Rattanawijittakorn © 123RF.com; pag. 54: Jama Vostal © 123RF.com; pag. 58: Yod Pimsen; pag. 64: scusi © 123RF.com © 123RF.com pag. 66: macrovector © 123RF.com; pag. 71: yuyuyi © 123RF.com; pag. 76: yuyuyi © 123RF.com; pag. 80: yuyuyi © 123RF.com; pag. 85: Dazdraperma © 123RF.com; pag. 87: brgfx © 123RF.com; pag. 91: Dazdraperma © 123RF.com

Il libro

"Favole moderne per crescere bambini intelligenti" è un libro di fiabe che cerca di aiutare i genitori nel momento in cui il rapporto con i figli si fa più intimo: l'ora della buonanotte.
La vita frenetica di oggi porta a trascurare questo aspetto fondamentale dell'educazione e della crescita, che invece è importantissimo. Sempre più spesso bambini, anche molto piccoli, vengono lasciati davanti alla televisione e, solo dopo che si sono addormentati, portati nel loro letto.
Ma è la curiosità che stimola l'attenzione.
La televisione, la radio, i videogiochi hanno una funzione solo passiva. Non permettono di interagire.
Un bambino ha bisogno di fare domande, di chiedere il significato di una parola che non conosce, di elaborare un racconto assieme ad un adulto che lo tranquillizza e lo fa riflettere.
Naturalmente i più piccoli si addormenteranno solo grazie al suono rilassante di una voce familiare che legge, senza riuscire a seguire e comprendere integralmente un racconto.
Diventerà comunque un momento apprezzato, che cercheranno ogni sera.
Ci si accorgerà che vorranno sentire spesso la stessa fiaba, in maniera abitudinaria, cogliendovi sempre sfumature diverse.
Il libro è strutturato su due livelli, per venire incontro anche alle esigenze di bambini più grandi, in grado di leggere da soli.
Viene descritta, nelle prefazioni, una storia all'interno della quale personaggi fiabeschi raccontano le favole.
Questo per far lavorare la loro immaginazione e fantasia.

Nel libro vengono utilizzate, ogni tanto, parole più complesse e inusuali.
Servono a migliorare la proprietà di linguaggio, sfruttando la naturale curiosità che hanno i bambini nelle varie fasi della loro crescita. Contrariamente a noi adulti, infatti, sono capaci di memorizzare immediatamente una parola appena sentita ed inserirla nel proprio bagaglio di conoscenze.
Le varie fiabe sono anche rappresentate da immagini, per favorirne il coinvolgimento. La scelta è stata quella di utilizzarle con forme ed espressività diverse, proprio per aumentarne l'interesse.
Tutte le storie che incontrerete nel libro sono ambientate in tempi e luoghi suggestivi, con lo scopo di creare quella magia che attira con curiosità. Sono convinta che proprio la curiosità sia la scintilla che porta al desiderio di conoscenza.
Allo stesso tempo tutti i racconti affrontano, in maniera subliminale, quelli che sono i temi e le problematiche del nostro tempo. Da qui il titolo del libro.

Ann Sepolveda

Dedicato ad Andrea, Aurora, Barbara e Tigre.

Come disse, tanto tempo fa, un vecchio saggio di paese:
«Molte persone sono state colpite in testa da una mela caduta da un albero, ma solo Newton se ne è domandato il motivo, scoprendo così la legge di gravità! Sai perché?»
Gli risposi: «Certo, è facile! Perché era più intelligente degli altri!»
«No!» Replicò il vecchio con un sorriso, «Era solo più curioso!»

Prefazione
La formica forzuta

In un meraviglioso castello, in un tempo lontano, viveva una bambina di nome Aurora. Suo padre era il re di Montefergino, signore di tutte le terre che spaziavano dal fiume dell'Argilla fino al fiume del Mesauro.

Ogni sera, per farla addormentare serena, il sovrano amava raccontarle una storia.
Conservava da tanti anni, in un vecchio baule, un libro antico con le avventure che si tramandavano da tante generazioni nella loro famiglia.
Non era un libro come gli altri: dopo così tanto tempo, nessuno sapeva più chi l'avesse scritto; e nemmeno quando.
Aveva un potere magico: dopo ogni storia, Aurora migliorava il proprio carattere e, grazie alle domande che rivolgeva curiosa al padre sugli argomenti trattati, diventava sempre più buona e saggia.
Tutti i racconti di questo libro erano infatti veramente interessanti ed appropriati.
Grazie a queste esperienze, Aurora poteva meditare e comprendere il mondo divertendosi.

Quella sera, distesa nel suo meraviglioso letto a baldacchino, subito dopo aver indossato il suo pigiama più bello, Aurora raccontò al padre di un problema che le era capitato a scuola proprio quel giorno.

«Padre! Oggi, mentre ascoltavo la lezione, un bambino mi ha tirato i capelli. Mi sono girata per sgridarlo, ma purtroppo era il più grande e forte della classe e mi ha detto che l'avrebbe fatto ancora se non fossi stata zitta.»
Il padre, sentendo queste parole le rispose: «D'accordo. Vediamo nel nostro libro se troviamo qualcosa su questo argomento

e cerchiamo la giusta soluzione.»
Il re prese il grande libro delle storie e cominciò a sfogliarlo.
«Ecco Aurora, questo mi sembra proprio il racconto che fa al caso nostro!»
«Come si intitola?» domandò curiosa Aurora.
Il padre si accomodò nella vecchia sedia a dondolo in legno di quercia, estrasse dal taschino i suoi migliori occhiali da lettura e cominciò a leggere.

La formica forzuta

Nella valle del Nilo, nascosto e riparato dalle piene del fiume, si era sviluppato un grande formicaio abitato da formiche pacifiche e laboriose.
Ogni mattina, seguendo gli ordini della regina, ogni insetto si occupava dei vari compiti da eseguire nell'interesse di tutte, con gioia e laboriosità.
Alcune formiche lavoravano per trovare e portare nei magazzini sotterranei il cibo per affrontare il successivo inverno; altre esploravano i dintorni del formicaio per segnalare eventuali intrusi o pericoli; altre ancora nutrivano i piccoli oppure erano addette all'insegnamento.
Preparare le formiche prima che diventassero adulte era un compito molto importante, perché avrebbe garantito il futuro di tutta quella vasta comunità sotterranea.
Proprio nella classe più grande della scuola del formicaio,

la maestra si accorse che una formica era più forte di tutte le altre e la chiamò la formica forzuta.
Questa allieva aveva una forza enorme e, fin da piccola, era capace di sollevare entrambi i genitori contemporaneamente e senza fare fatica.
Era anche una formica molto brava ed ubbidiente: seguiva le lezioni in silenzio e con attenzione.
Man mano che il tempo passava, però, cominciò a sentirsi sempre più importante rispetto alle altre alunne, convinta che la propria forza la ponesse al di sopra.
Inizialmente, le compagne di scuola le chiedevano: «Formica forzuta, alza il banco con una sola zampa» e lei lo faceva sorridendo.
In seguito cominciarono a chiederle: «Formica forzuta, quell'alunna mi ha tirato le antenne.» e lei rispondeva: «Se tirerai un'altra volta le antenne alla mia compagna dovrai vedertela con me!»
Per questo motivo, tutte volevano averla come amica.
Con il passar del tempo, purtroppo, iniziò a fare la gradassa dicendo: «Siccome sono la più forte, in questa classe comando io!» e nessuna aveva il coraggio di contraddirla.
Non era più simpatica alle altre formiche; ed anche se, in apparenza e per timore, tutte sorridevano alle sue prepotenze, in realtà non volevano più averla vicino e la evitavano ogni volta che fosse possibile.
Un giorno venne il momento in cui le alunne della scuola, ormai cresciute, vennero inviate dalla regina, per la prima volta, in esplorazione nel mondo circostante.
Erano tutte spaventate di affrontare l'ignoto, tranne la

formica forzuta che si sentiva pronta, grazie alla propria forza, per ogni sfida.

La formica regina disse loro: «Giovani formiche, è per voi finalmente giunto il tempo di lasciare la sicurezza del formicaio per conoscere il mondo esterno. Mi raccomando, cominciate con calma, evitando di allontanarvi troppo finché non diventerete esperte.» La formica forzuta, parlando sottovoce per non farsi sentire dalla regina, disse alla sua amica vicina: «Io per fortuna, grazie alla mia grande forza, non ho paura di niente e di nessuno!» e si avviò per prima lungo la strada, con fare spavaldo.

Il mondo fuori era incredibile: alberi giganteschi e meravigliosi, fiori dai mille colori, insetti volanti che non avevano mai visto prima.

Nonostante le indicazioni della regina di non allontanarsi e di restare in gruppo, la formica forzuta guidava le altre camminando sempre più veloce.
Ad un certo punto, arrivati nei pressi di una radura con la vegetazione talmente fitta che anche i raggi del sole facevano fatica ad entrarvi, le formiche si fermarono dicendo: «Ci siamo allontanate troppo, dobbiamo tornare indietro.»
La formica forzuta le guardò con compassione e rispose: «Non sono deboluccia come voi, tornate pure al formicaio mentre io esplorerò il mondo da sola; niente e nessuno può battermi o mettermi paura!»
Le altre presero tutte la via del ritorno, mentre lei si incamminò verso l'interno, dove le piante erano più compatte.
Non conoscendo il mondo, non sapeva che proprio nel buco di un albero, sopra la sua testa, si trovava l'alveare di un gruppo di vespe che non amavano intrusi nel loro territorio.
Una delle vespe di guardia la vide e si precipitò a bloccarla.
Con un rapido volo le si avvicinò e la scaraventò a terra con l'aria prodotta dal battito delle proprie ali.

«Fermati immediatamente minuscola formica!» ordinò autoritaria.
La formica si rialzò ed anche se vide che la vespa era dieci volte più grande di lei rispose convinta: «Io sono la formica forzuta e grazie alla mia incredibile forza non ho paura di niente e di nessuno!»
La vespa la guardò incredula, poi le rispose: «Volevo solo allontanarti per difendere l'alveare, ma visto che insisti e quindi sei una minaccia, ti porterò davanti alla mia regina.»
Senza sforzo, usando solo una delle sue zampe, prese la formica e spiccò il volo verso l'alto.
La formica forzuta in quel momento si rese conto che la vespa era molto più forte di lei; anche se cercava di liberarsi non riusciva nemmeno a muoversi.
Prima di arrendersi alla superiorità della vespa, le chiese: «Tu chi sei, la vespa forzuta?»
La vespa sorrise prima di rispondere, poi le disse sottovoce: «Purtroppo no, di tutte le vespe io sono la più piccola e debole.» ed atterrò all'interno dell'alveare.
La formica forzuta si rese conto che la vespa che l'aveva catturata non stava scherzando: le guardiane della regina, in confronto, erano enormi e mostravano orgogliose il loro grande pungiglione, pronto a colpire alla prima occasione.
La fecero entrare all'interno di una grande stanza e con una spinta la scaraventarono a terra di fronte alla sovrana.
La regina era addirittura più grande delle guardie e parlò con fare sprezzante: «Piccolissima formica! Ormai conosci la strada ed il luogo segreto del nostro alveare: io

ti condanno a rimanere qui per sempre ed a servirci per tutta la tua vita!»
Detto questo, si allontanò senza degnarla di uno sguardo.
Le vespe guardiane la presero e la chiusero prigioniera in una piccola cella senza finestre.
Dopo tante vicissitudini, la formica forzuta rimase sola a pensare al proprio triste destino: «Povera me, ero la più forte del formicaio ed adesso sono dieci volte più debole della più piccola vespa di questo alveare. Come farò a sopravvivere?»
Il giorno dopo venne svegliata molto presto e costretta a fare i lavori domestici per le vespe.
Si rendeva conto che non avrebbe mai potuto ribellarsi e che quella sarebbe stata la condizione per tutto il resto della sua vita.
Era molto triste e rimpiangeva i bei giorni trascorsi nella scuola nel formicaio prima di essere catturata.
«Se non fossi stata convinta di essere la più forte, avrei ascoltato la mia regina!» pensava con nostalgia.

Il tempo trascorse; e con esso le stagioni.
La formica, ogni giorno, doveva alzarsi prima dell'alba e svolgere i lavori domestici per le vespe.
Ogni sera tornava stanca a dormire nella propria cella e la malinconia le procurava un sonno agitato e pensieroso a causa di quella vita triste e monotona.
Un giorno di primavera venne inviata fuori dall'alveare per trasportare dell'acqua piovana che si era raccolta ai piedi di un albero.

Pensò di fuggire, ma era sempre sotto lo sguardo attento delle vespe guardiane.
Era una giornata ventosa, con delle folate talmente potenti che faticava perfino a rimanere in piedi.
Ad un certo punto vide, vicino a se, una pianta di soffione e decise di salirvi per vedere meglio il panorama attorno.

Da quella posizione riusciva ad osservare tutta la radura dove era tenuta prigioniera.
Una delle vespe le urlò dall'alto dell'alveare: «Devi portare l'acqua, non riposarti sulle piante. Vuoi essere punita?»
La formica forzuta sospirò e si preparò a scendere dal soffione, quando una raffica di vento più forte delle altre fece volare tutti i semi di una pianta vicina.
Li vide disperdersi verso il cielo e puntare leggeri proprio nella direzione dove era sicura si trovasse il formicaio.
Ragionò: «Fuggirò volando via!» e si aggrappò ad una delle palle lanose che contengono i semi, cominciando a smuoverla con tutte le energie di cui era capace, nel tentativo di staccarla.
Ogni movimento era però inutile e si rese subito conto che una formica non poteva avere la forza del vento. Continuando a sforzarsi in quella maniera sarebbe presto stata troppo stanca per riuscire a scappare.
«Aspetterò l'arrivo di un altra folata!» e si strinse ad uno dei semi.
Proprio mentre una vespa si lanciò dall'alveare per venire a riprenderla, il vento soffiò con tutta la sua energia e la formica volò via, aggrappata a questo aquilone naturale.
Era così veloce e così in alto che le vespe non avrebbero mai potuto raggiungerla.
Si sentì finalmente libera.
Da quella altezza poteva vedere il grande fiume vicino al quale si trovava il suo formicaio.
Quando il vento iniziò a calare, atterrò dolcemente non lontano da casa.

Piena di emozione si mise a correre e sulla strada incontrò alcune vecchie compagne di classe in esplorazione.
«Formica forzuta, dove sei stata tutto questo tempo? Nessuno riusciva più a trovarti ed abbiamo avuto paura per te!»
La formica abbracciò felice le sue compagne e disse loro: «Mi è successa una cosa terribile per non aver seguito i consigli della regina, ma per fortuna alla fine sono riuscita a fuggire!»

Rientrata nel formicaio, venne immediatamente convocata dalla sovrana per riferire quanto accadutole.
La regina l'accolse con gioia, le chiese di raccontare tutto ed infine replicò: «Sai che io voglio bene a tutte voi; se dico di tenere un certo comportamento è solo per evitarvi

guai. Per fortuna sei riuscita a tornare, altrimenti avresti trascorso una vita tremenda!»
La regina guardò la propria suddita senza severità e le chiese: «Dimmi adesso, cosa ti ha insegnato tutta questa storia?»
La formica rispose convinta: «Ho imparato a seguire il consiglio degli adulti, così da evitare gli errori e, soprattutto, ho deciso di cambiare nome. Non voglio più essere la formica forzuta, perché ho scoperto che c'è sempre qualcuno con una forza superiore. Voglio diventare la formica saggia, poiché è solo usando l'astuzia che sono riuscita a tornare a casa; e non farò mai più la bulletta con le mie amiche, visto che ho provato su di me com'è antipatica una vespa grande e grossa che ti tratta male!»
La regina le sorrise, poi continuò: «Questo significa crescere! Adesso andiamo a festeggiare il tuo ritorno, così potrai raccontare a tutti la tua avventura…»

Prefazione
Il bambino povero

Quella mattina la Principessa Aurora si alzò molto presto contenta di andare a scuola. Dopo colazione, prima di uscire dal castello, il padre le chiese: «Aurora, vedo con piacere che oggi sei molto felice. Ci sono novità?»
«Certo padre, ho preparato una strategia per non avere più problemi con il compagno di classe prepotente!»
«Interessante!» rispose il padre. «Come ti comporterai?»
«Lui è molto più forte di me, è vero. Ma io sono molto più brava in matematica e quindi lo aiuterò a fare gli esercizi!»
Il padre sorrise e rispose: «Saggia decisione: scoprirai che chi si comporta con gentilezza viene spesso ricambiato con altrettanta cortesia!»

Quella sera, prima di prendere il libro magico per raccontare un'altra storia, il re chiese ad Aurora come fosse andata la sua giornata.
«Tutto bene padre! Il bambino che mi faceva i dispetti si è dimostrato molto gentile e, dopo che l'ho aiutato in matematica, usciti dalla scuola mi ha proposto: «Aurora, lascia che porti io il tuo zainetto visto che sono molto più robusto.»
Il sovrano sorrise, poi si accorse che l'amata figlia era veramente stanca e stava per appisolarsi.
Spense la luce e si preparò a lasciare la stanza. Aurora, che sembrava ormai addormentata, aprì un occhio e con sguardo severo rimproverò il padre: «Dove credi di andare? Io sto aspettando una fiaba!»

Il padre sospirò e le rispose: «Pensavo ti fossi addormentata!» Infine, rassegnato, cominciò a sfogliare il grande libro delle storie.

Il bambino povero

Nei pressi della Contea di Cornovaglia, vicino alla città di Truro, viveva in una casa di campagna una famiglia molto povera.
Nonostante le difficili condizioni economiche erano però una famiglia felice. Non potevano comprare quasi nulla, ma con l'allevamento degli animali e con i pochi frutti di quella terra inospitale riuscivano a sfamarsi tutto l'anno.
Per riscaldarsi accendevano il grande camino a legna e, per vestirsi, filavano e realizzavano tessuti con la lana delle loro pecore. Mamma Barbara creava degli abiti molto caldi per l'inverno, usando il piccolo telaio in legno ed i ferri da maglia della nonna.

Papà Elton, invece, coltivava un orto e raccoglieva la legna. Allevava, inoltre, gli animali della fattoria.
Avevano un figlio, Andrew, che giocava spensierato da mattina a sera senza sapere di essere povero: possedeva, infatti, tutto quello di cui aveva bisogno e non gli mancava proprio niente. Il padre era abilissimo a costruirgli giocattoli ed Andrew poteva correre tutto il giorno e divertirsi felice in quella vasta campagna.

Al mattino presto, appena svegliato, faceva colazione con il latte appena munto delle loro mucche; poi correva fuori a giocare tutto il giorno con i cinque cani di famiglia che si divertivano ad inseguirlo ed a scovarlo ogni volta che si nascondeva.
Poteva anche pescare nel vicino ruscello e quando tornava con un bel pesce la mamma gli faceva tanti complimenti e glielo cucinava sulla brace del camino.

A poca distanza dalla loro fattoria si trovava la casa di Emily, una bambina più piccola di un anno che ogni tanto Andrew andava a trovare per giocare insieme.
Non era una cosa che faceva spesso, perché Emily lo costringeva a giocare con le bambole di pezza; tuttavia era dolce, carina e simpatica.
Quel giorno, mentre la nonna di Emily preparava una merenda a base di formaggio di capra per i due bambini, la sua amica gli chiese preoccupata: «Andrew, questo autunno andrai a scuola?
«Certo Emily, sono finalmente diventato grande!» rispose fiero il bambino.
«E verrai ancora a trovarmi? Io ho solo te per giocare! Qui sono l'unica bambina!»
«Ma ci sono tuo padre, tua madre e tua nonna.» replicò Andrew.
«Certo, ogni tanto; ma hanno così tanto da fare e lavorano quasi sempre...»
«Va bene Emily, ti prometto che tornerò a trovarti tutte le volte che sarà possibile !»
Arrivò l'autunno, che ingiallì le prime foglie degli alberi e fece migrare i grandi stormi di uccelli verso sud, in cerca del calore del sole.
Andrew era molto emozionato per il primo giorno di scuola.
La scuola purtroppo era in città ed era costretto ad alzarsi molto prima dell'alba per raggiungerla a piedi.
Il primo freddo cominciava a farsi sentire e la madre gli preparò una tunica di lana grezza per tenerlo caldo ed un cappello per ripararlo dalla pioggia.

Doveva camminare almeno due ore per arrivare alla città di Truro; altrettanto era necessario, al termine delle lezioni, per tornare a casa.
Partì molto presto, per non fare tardi proprio il primo giorno di scuola.
Camminare non gli costava fatica, grazie alla vita passata sempre all'aria aperta.
Arrivato a Truro, chiese ad un passante la direzione per raggiungere la scuola e scoprì che si trovava dall'altra parte della città.
«Per fortuna sono partito presto!» pensò ammirando i grandi palazzi nobiliari che incontrava lungo la via e che non aveva mai visto prima.

Quando iniziò a scorgere da lontano l'edificio scolastico, gli sembrò enorme: contò più di trenta finestre.
C'erano anche molte carrozze che trasportavano a scuola gli altri bambini.

Avrò finalmente molti amici!» pensò sorridente ed entrò a scuola soddisfatto attraversando l'enorme portone di vetro.
La prima classe si trovava al piano terra.
Era molto grande, ben riscaldata ed aveva addirittura un banco per ogni alunno.
Gli altri bambini sembravano conoscersi fra loro.
«Certo!» pensò Andrew. «Sono cresciuti tutti in questa città ed avranno giocato tante volte assieme…»
Cercò di farsi notare dagli altri dicendo ad alta voce: «Piacere di conoscervi! Io sono Andrew e vengo dalla campagna.»
Gli altri bambini lo guardarono con aria stupita.
Poi quello che sembrava il più grande gli chiese: «Ma come ti sei vestito?»
Tutti cominciarono a ridere ed Andrew si mise ad osservare gli abiti degli altri compagni di classe.
Erano tutti molto eleganti, con abiti realizzati da bravi sarti e sicuramente molto costosi.
Abbassò lo sguardo per guardare il proprio abbigliamento e si rese subito conto che la sua calda tunica di lana lo faceva immediatamente riconoscere come un povero campagnolo.
Non gli era mai importato nulla dei vestiti, ma gli altri bambini non volevano nemmeno sedersi di banco vicino a lui.
Nessuno gli rivolgeva la parola e ridevano fra loro indicandolo.
Andrew si mise a sedere in un banco appartato e si interessò esclusivamente alla lezione, smettendo di cercare di parlare con gli altri compagni.

Quel pomeriggio, sulla via del ritorno, fortunatamente iniziò a piovere: era talmente inzuppato che la madre non si accorse che aveva pianto per tutto il cammino.
Furono anni durissimi.
Ogni mattina si svegliava triste, sapendo che lo avrebbero preso in giro tutto il giorno e che nessuno sarebbe mai diventato suo amico.
A scuola gli argomenti di conversazione fra gli alunni riguardavano: il nuovo modello di scarpe; i nuovi giochi meccanici a molla; le nuove tendenze della moda parigina.
Un giorno la madre, vedendolo sempre più chiuso in se stesso, gli chiese: «Cosa c'è Andrew che non va? Come mai tu che sei sempre stato un bambino allegro e contento sei diventato un ragazzo triste e solitario?»
«Perché, cara mamma, in città tutti mi prendono in giro e mi escludono perché sono un povero campagnolo.»
La madre comprese subito la situazione e cercò di trovare le parole migliori: «Caro figlio mio, è vero che noi siamo poveri, ma è anche vero che siamo sempre stati felici. Non pensare mai che un abito di seta, anche se all'ultima moda, renda una persona migliore. Cerca di studiare il più possibile e diventerai un grande uomo; questo, è davvero importante!»
Andrew ascoltò la madre e così fece.
Studiò talmente tanto che in pochi anni diventò un bravo medico ed iniziò subito a lavorare nello studio di un grande chirurgo.
Seppur giovanissimo, grazie agli ottimi risultati conseguiti all'università, tutti cercavano di farsi visitare da lui

in caso di malattia; presto riuscì ad aprire uno studio tutto suo.

Tornava però regolarmente a casa dei genitori ogni fine settimana, dove aveva conservato la propria cameretta.

Non tornava più camminando, perché grazie al suo nuovo lavoro guadagnava bene e si era comprato un piccolo calesse.

Purtroppo continuava ad essere un ragazzo triste.
La madre, seppur invecchiata, conservava intatto il proprio spirito di osservazione.
Andrew si sforzava sempre di sorridere quando tornava in campagna, ma lei si accorse comunque del malessere del figlio.
«Dimmi Andrew, cosa ti tormenta?» gli chiese un giorno.
«Cara mamma, non ti si può nasconder proprio nulla! Non riesco a recuperare la mia allegria perché non ho una vita felice. I miei vecchi compagni di scuola fanno finta di avermi sempre voluto bene, adesso che hanno bisogno di me. Io invece non ho proprio voglia di frequentarli, dopo che mi hanno trattato così male durante tutti gli anni degli studi. Sono sempre solo; ed essere soli in città non è come essere soli in campagna! Certamente gli abiti alla

moda, che adesso posso permettermi, non mi aiutano a stare meglio.»
«Da quanto tempo non vai a trovare Emily?» chiese la madre.
«La vedo da lontano, ogni tanto, le domeniche in chiesa. Perché? Non sta bene?» rispose Andrew.
La madre sospirò scuotendo la testa: «Figlio mio, sei cresciuto ma sei ancora un ingenuo! Vai a trovarla...»
Andrew, che seguiva sempre i consigli dei genitori, si incamminò pensieroso verso casa di Emily.

Lungo il sentiero cominciò subito a sentirsi più allegro, ricordando i bei tempi passati a giocare in quei luoghi.
Arrivato davanti all'uscio di casa sentì il profumo del formaggio di capra.
Si ricordò di quante volte, lui e la sua amica, lo avevano mangiato insieme a merenda ed il suo umore migliorò ancora.
Bussò soddisfatto alla porta ed Emily gli venne incontro.
Non sembrava più la bambina che ricordava.
Era diventata una bellissima ragazza e conservava intatta negli occhi l'allegria e la gioia di vivere; come se il tempo, per lei, non fosse passato.
Lo abbracciò felice e con la voce più melodiosa che Andrew avesse mai sentito disse: «Che meravigliosa sorpresa!»
Andrew sorrise e comprese subito perché fosse tanto triste ed infelice: da troppo tempo era lontano da casa.
Emily era una amica sincera che si era sempre preoccupata per lui.

Non le era mai importato come fosse vestito, ricco o povero.
Gli voleva bene da sempre. Come gli volevano bene sua nonna ed i suoi genitori.
Quello era il suo ambiente! Era ora di tornarvi!

Andrew rimase muto, non riuscendo a trovare le parole adatte per esprimere quello che aveva dentro.
Aveva compreso che la felicità era facilmente raggiungibile e che amava Emily ed il suo mondo...
Poco dopo la sua voce uscì senza che ne avesse il controllo. Disse soltanto: «Emily, vuoi sposarmi?»
Lei si mise a ridere contenta e rispose: «Pensavo fossi venuto per la merenda con il formaggio di capra!»
Tornò subito seria: «Finalmente sei riuscito a chiedermelo! Ho sempre creduto che un giorno ci saremmo uniti in matrimonio ed ho pensato di essere molto fortunata per questo. In campagna siamo sempre stati gli unici bambini, chi altro avrei dovuto voler sposare?»

Anche Andrew cominciò a ridere e rifletté: «Che sciocco sono stato a preoccuparmi per il comportamento dei bambini ricchi in città, proprio io che ho sempre avuto la felicità a portata di mano!»

Si sposarono tre mesi dopo, con una piccola cerimonia, alla presenza dei soli familiari.
La festa fu divertentissima.

Andrew chiuse lo studio medico in città e si ritirò definitivamente in campagna.
Conservava ancora qualche cliente, che per farsi visitare veniva fino alla fattoria; per il resto si occupava della legna e degli animali come aveva sempre visto fare a suo padre.
Una mattina, stanco dalle tante ore trascorse nel bosco a tagliare rami per il camino, sentì Emily che lo chiamava.
Si affacciò dalla radura e vide la carrozza dorata di un suo vecchio compagno di scuola; sicuramente voleva farsi visitare.
Non sembrava per niente malato; si muoveva bene e fumava il sigaro, scrutando con disapprovazione i loro cani di razza mista.
«I ricchi son fatti così!» penso Andrew. «Spesso, anche se stanno bene, preferiscono sentirselo dire da un bravo medico! Gli basterebbe una bella risata allegra in compagnia di veri amici! Purtroppo per loro, questo non si può comprare.»
Subito dopo vide Emily che giocava a nascondino con Francy, il loro primo figlio.
Francy era nascosto dietro ad una capretta ed i cani abbaia-

vano giocosi, segnalandone la presenza.
Andrew si ripropose ad alta voce, anche se nessuno poteva sentirlo: «Basta raccogliere legna! Vediamo come sta il vecchio compagno di scuola e poi si gioca a nascondino fino a sera!»
Sorrise. Era felice.

Prefazione
Il gatto magico

La Principessa Aurora era particolarmente pensierosa.
Suo padre, il re, le chiese preoccupato: «Figlia mia, c'è qualcosa che non va?»
«No padre» rispose la bambina. «È solo che presto sarà il mio compleanno e non mi viene in mente un regalo adeguato…»
Il Sire scoppiò a ridere e con sguardo attento affermò: «Certo questo è davvero un grosso problema; come possiamo risolverlo?»
Aurora replicò seria: «Non riesco proprio a pensare a qualcosa che mi piacerebbe avere… Forse un altro cavallo mi renderebbe felice, ma c'è anche la possibilità che gli altri della scuderia si ingelosiscano! Padre! Trovami un regalo adatto, per favore…»
Il re fece finta di meditare.
Si rivolse all'amata figlia: «Cominciamo con il lavare mani e denti; mettiamo il pigiamino e cerchiamo la soluzione nel grande libro delle storie.»
«Evviva!» gridò Aurora correndo in bagno a cercare lo spazzolino.

Si preparò con cura ed indossò il pigiama.
Corse sotto le coperte e, rivolgendosi al padre, esclamò: «Sono pronta! comincia pure con la storia del regalo!»

Il padre iniziò a sfogliare le pagine, mormorando: «Dunque vediamo un po'... Questa no, quest'altra nemmeno... Eccola!»
Aurora cominciò a saltare sul letto per l'eccitazione: «Dimmi, dimmi! Cosa mi regalerai dunque per il mio compleanno?»
Il padre le rivolse uno sguardo severo: «Calma, calma! Intanto torna immediatamente sotto le coperte, così posso cominciare a leggere!»

Il gatto magico

Ajar era un bambino buono ed obbediente.
Abitava, con i suoi genitori, in un piccolo villaggio dell'India, in una valle nascosta dalle pendici delle più alte montagne del mondo.
Il suo divertimento preferito era, ogni mattina, uscire di casa presto ed andare a giocare nella foresta che circondava il villaggio.
Non aveva mai paura, anche se gli anziani sostenevano

fosse abitata da animali feroci molto pericolosi.
Quel giorno, uscito di casa prima dell'alba, si era inoltrato più del solito fra quelle piante meravigliose per andare a caccia con il piccolo arco che si era costruito.
Per lui la caccia era solo un gioco. Si limitava a lanciare la sua freccia di legno cercando di colpire il ramo di un albero individuato come bersaglio.

Non avrebbe mai usato la sua arma per colpire un animale.

Arrivato in una piccola radura, dove la folta vegetazione della foresta lasciava dello spazio libero, si preparò a colpire la base di un tronco.
«Si sta facendo tardi» pensò prima di tendere l'arco.
«Un'ultima freccia e poi torno a casa per il pranzo...»
In quel momento venne distratto da un fruscio e si voltò.
Con terrore vide una enorme tigre che lo fissava da pochi passi.
Provò ad urlare: «Vai via! Vai Via!»
La tigre rimase immobile...
Come ultimo tentativo, per spaventarla, si preparò a scoccarle una freccia.

Sapeva bene che il suo piccolo arco era un giocattolo: non sarebbe certo stato in grado di ferire il grande felino; ma era l'unica possibilità che gli era rimasta.
Forse si sarebbe spaventata!
Incredibilmente la tigre iniziò a parlare: «Piccolo bambino, vedo che sei coraggioso! Ma non è una buona idea andare a caccia di tigri nella foresta con un arco giocattolo.»
Ajar rimase stupefatto, ancora incredulo per quanto stava capitando. Rispose: «Stavo solo giocando, se avessi saputo che una tigre si aggirava da queste parti sarei rimasto a casa!»

La Tigre spalancò le fauci e continuò: «Capisco dalle tue parole che non solo sei coraggioso ma anche saggio, nonostante la tua giovane età; e sei anche buono d'animo. Ti rivelerò il mio segreto: non sono una vera tigre, sono un gatto magico che può assumere la forma di qualsiasi altro animale.»
Ajar rimase dubbioso, senza capire: «Perché hai la forma

di un animale feroce e non di un gatto normale?»
La tigre sorrise: «Quando sono un gatto non mi è concesso parlare. Posso solo esaudire i desideri degli esseri umani che ne fanno domanda. Tu ad esempio, cosa vorresti?»
Ajar ci pensò bene, poi rispose convinto: «Voglio tornare a casa perché è ora di pranzo!»
La tigre questa volta si mise a ridere, poi aggiunse: «È la prima volta che sento un desiderio così puro e sincero; di solito mi chiedono ben altro. Ho deciso! Ridiventerò un gatto e ti seguirò.»
Come d'incanto la tigre cominciò a rimpicciolirsi e si trasformò in un micio.

Lungo la via del ritorno, Ajar si mise a pensare ad alta voce: «Devo trovarti un nome adatto; speriamo che mamma non si arrabbi per la tua presenza... Ho trovato! Ti chiamerò Tigre! Sembra un nome molto adeguato!» Sorrise e continuò a camminare, contento del nome scelto.
Arrivato al villaggio una vecchia lo vide arrivare da lontano.
Continuando a gettare del becchime alle proprie galline, disse allegra guardando il gatto: «Ajar, vedo che hai catturato una grossa preda!»
«Certo.» rispose il bambino. «È una tigre!»
La vecchia sorrise, pensando a quanto fosse fervida l'immaginazione dei bambini; poi continuò: «Non ho mai visto una tigre nera con la coda bianca!»
Arrivato a casa, la madre lo rimproverò per il ritardo.
«Non devi rientrare a quest'ora, mi fai preoccupare!» Poco

dopo, tranquillizzatasi, aggiunse: «Vediamo se il nuovo arrivato ama il latte» ed andò a cercare una ciotola.
Prima di cominciare a mangiare Ajar si rivolse alla madre: «Mamma, questo è un gatto magico! Quando l'ho trovato era una tigre e mi ha detto che può esaudire qualunque desiderio!»
«Bene!» rispose la madre. «Allora desidero che tu mangi tutto il tuo pranzo!»
Ajar cominciò ad agitarsi: «Tu non mi credi ma è la verità! Puoi chiedergli tutto quello che vuoi!»
La madre, senza perdere la calma, guardò il micio ed espresse un desiderio: «Cara Tigre, ti chiedo di vigilare sul cammino di mio marito che è andato al mercato a vendere i nostri prodotti. È un mercante ed ho sempre il timore che possa fare brutti incontri lungo il cammino…»
Ajar, soddisfatto, si calmò e ricominciò a mangiare. La madre, accarezzando il nuovo animale domestico, pensò: «Ma quanto sei simpatico bel micio; sono proprio contenta che hai seguito mio figlio fino a casa. Ci serviva proprio qualcuno per tenere i topi lontano dalla nostra abitazione.»
Quella sera il padre tornò a casa presto. Le vendite al mercato erano andate piuttosto bene ed era particolarmente sereno.
Il bambino provò a spiegare la storia del gatto magico anche a lui: «Papà, sono sicuro! Puoi chiedergli qualunque cosa!»
«Ottimo!» rispose il padre; e rivolgendosi al nuovo abitante della casa espresse il proprio desiderio: «Gatto, gatto… Voglio che Ajar questa sera vada a letto presto! Io e

mia moglie non abbiamo mai tempo per stare insieme a chiacchierare, con tutte le cose che abbiamo da fare ogni giorno!»
Ajar sbuffò: «Possibile che nessuno mi creda?», convinto che il padre si stesse prendendo gioco di lui. Si alzò da tavola e si incamminò imbronciato verso la stanza da notte.
Prima di lasciare la sala da pranzo si rivolse al gatto: «Tigre! Andiamo a dormire, tanto è inutile parlare con loro…»
Il gatto si alzò e, miagolando, seguì il bambino.

Il giorno seguente arrivò al villaggio un potente Maharaja. Tornava da un lungo viaggio ed era trasportato da un elefante.
Si fermò a riposare proprio nella strada dove si trovava la casa di Ajar.
I genitori, insieme al loro bambino, uscirono per omaggiare l'importante personaggio.
«Nobile signore.» Disse il padre. «È un grande onore, per noi, la vostra visita.»
«Grazie!» rispose il Maharaja. «Mi fermerò poco tempo, giusto il necessario per un rapido ristoro».
Subito dopo vide il gatto sull'uscio.
Aveva sempre saputo, da una antica leggenda, che da qualche parte esisteva un gatto magico che esaudiva i desideri.
Un gatto che avrebbe potuto farlo diventare molto più ricco di quel che già era.
Nobili e Maharaja lo cercavano in tutta l'India da molto tempo.

Si sforzo di ricordarne le caratteristiche.
Nelle illustrazioni presenti nei libri che aveva studiato, il felino era proprio identico a quello che stava guardando: nero e con la coda bianca.
«Di chi è quell'animale?» domandò.
«È mio!» rispose Ajar. «Si chiama Tigre. L'ho trovato nella foresta. Può assumere le sembianze di altri animali e può anche parlare, quando si trasforma.»
Il Maharaja ebbe conferma dei propri pensieri.
«Guardie! Prendete immediatamente quel gatto. Lo porteremo con noi a palazzo!»
Ajar si mise a piangere, ma non c'era niente che potesse fare per evitare che Tigre venisse portato via.
La sua famiglia non poteva certo ribellarsi a quegli ordini.
Il micio venne caricato sopra l'elefante e partì con la carovana verso il palazzo del Maharaja.

«Non è giusto!» disse Ajar al padre. «Tigre era mio!»; Voleva stare con me e non si troverà bene così lontano.»
«Non preoccuparti.» rispose il padre. «Ogni gatto sceglie dove abitare.»
Subito dopo, per tranquillizzare il figlio, aggiunse: «Se vuol vivere qui con noi, presto tornerà!»

Il Maharaja era molto soddisfatto.
Credeva di aver realizzato il sogno di ogni persona: poteva avere tutto ciò che desiderava.
Arrivato al palazzo portò subito il gatto nella sala del tesoro.
Era molto ricco e in quella stanza aveva ammucchiato forzieri pieni d'oro e d'argento; smeraldi grandi come uova; rubini e diamanti.
Guardò Tigre e proclamò: «Io desidero che tutto questo si moltiplichi, fino a riempire completamente tutto lo spazio disponibile.»
Immediatamente il tesoro aumentò e dovettero uscire di corsa prima che l'oro arrivasse al soffitto e li sommergesse.
Il Maharaja chiuse la porta blindata, prese il gatto e lo portò a dormire accanto a se, tanta era la paura di perderlo.
Quella sera raccontò l'accaduto alla moglie.
Prima rimase dubbiosa; poi spalancò le cassapanche dove conservava un incredibile numero di vestiti: non era possibile contarli in un sol giorno.
«Gatto! Io desidero che queste cassapanche diventino così tante da poter indossare un abito diverso per ogni giorno della mia vita... No aspetta! Voglio cambiarmi d'abito tre

volte al giorno, così da fare invidia a tutte le nobildonne che conosco…»
Le cassapanche triplicarono in un battito di ciglia.
Il giorno dopo anche il figlio venne a sapere del gatto.
Lo portò nella camera dei balocchi, dove collezionava diecimila giochi diversi.
Non aveva mai avuto il tempo di usarli tutti…
Erano troppi!
«Voglio che questi giocattoli diventino più di centomila!» disse il bambino.
Subito venne esaudito e fu necessario allestire altre cinque stanze per contenerli.

La notizia del gatto magico si diffuse presto in tutto il palazzo ed arrivò anche agli abitanti della vicina città.
Una banda di ladri, venuta a conoscenza della novità, si organizzò immediatamente per rubarlo.
«Se riuscissimo ad impossessarci di quel felino potremmo aprire le serrature di tutte le porte ed arraffare quel che ci pare senza fatica!» disse il capo del gruppo.
Quella sera, quando il buio avvolse il palazzo, scavalcarono il grande muro difensivo ed entrarono da una finestra.
Il Maharaja non riusciva a dormire, estasiato dalla propria fortuna e quando li vide entrare nella stanza iniziò ad urlare: «Al ladro! Al ladro! Guardie accorrete!»
Nel trambusto che ne seguì tutti cominciarono a gridare.
Prima di fuggire, uno dei ladri prese in braccio il gatto.
Subito dopo, con le braci del camino, incendiò le tende: grazie al fumo provocato i malviventi riuscirono a rag-

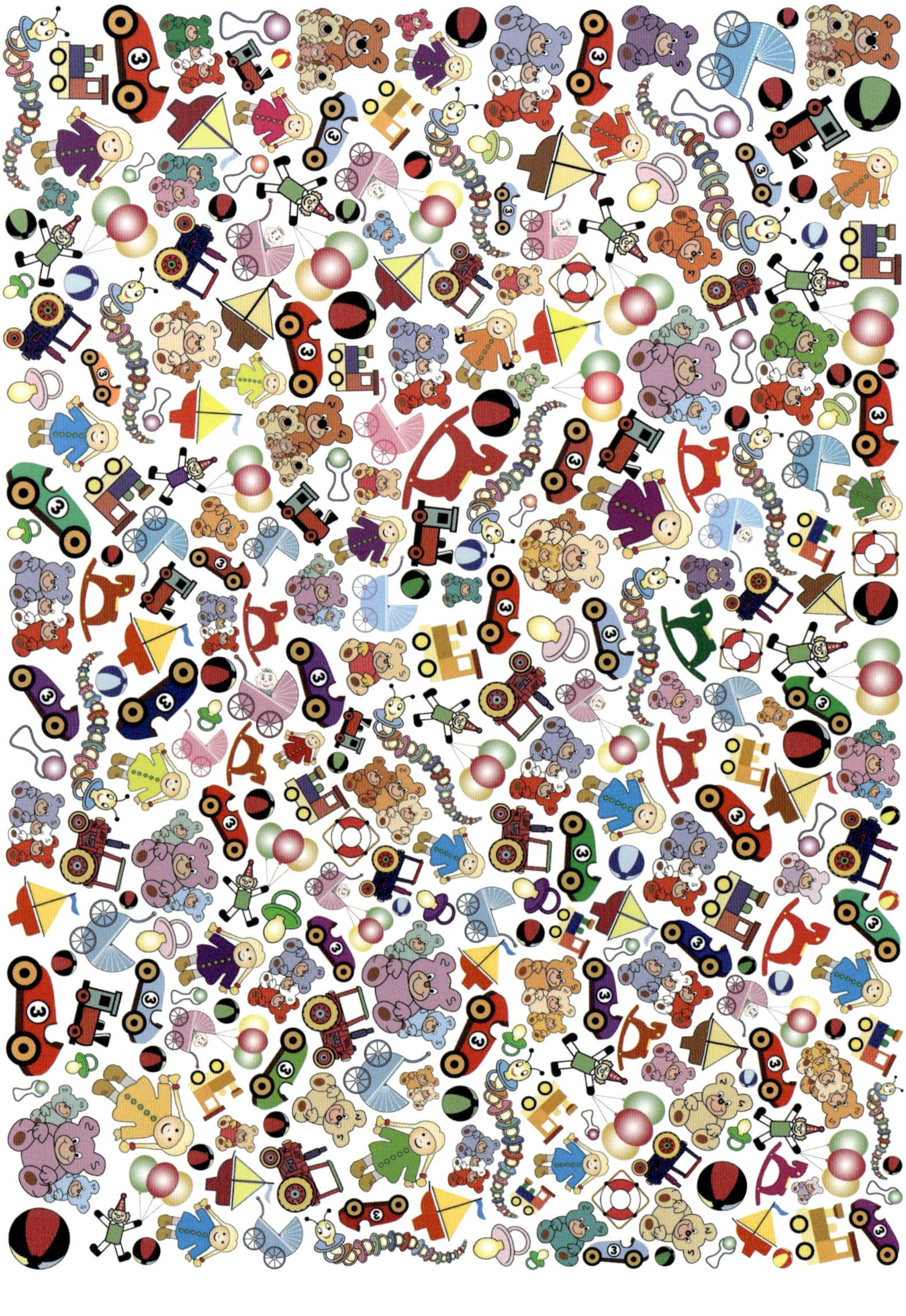

giungere la porta di ingresso senza essere visti.
Il Maharaja, la moglie ed il figlio si lanciarono all'inseguimento, gridando contemporaneamente: «Guardie! Guardie! Stanno uscendo dal palazzo!
Il ladro che teneva in braccio Tigre si voltò e si accorse che gli inseguitori correvano più veloci: spaventato, per non essere catturato lo lanciò oltre gli alberi che costeggiavano la strada.

Era troppo tardi.
Le guardie raggiunsero i malandrini e li circondarono.
Affannato per la corsa, arrivò anche il Maharaja. Chiese subito loro: «Dove avete nascosto il mio gatto?»
Prima che potessero rispondere, una delle guardie si mise ad urlare: «Guardate! Guardate!»
Tutti si voltarono verso il palazzo.
Le tende, evidentemente, avevano provocato un incendio e l'intera struttura era avvolta dalle fiamme.
Distratti dalla fuga dei ladri, nessuno si era preoccupato di spegnere il fuoco prima di gettarsi all'inseguimento.
Il Maharaja urlò: «Il mio tesoro! Dobbiamo salvarlo!»
La Moglie esclamò: «I miei vestiti! Dobbiamo andare subito a prenderli!»
Il figlio si mise a piangere: «I miei giocattoli! Dobbiamo recuperarli!»
Ma non c'era più niente da fare.
Le fiamme erano troppo alte e nessuno poteva avvicinarsi.
Ben presto il palazzo venne interamente distrutto dal calore e crollò.

Il Maharaja disse: «Dobbiamo ritrovare il gatto, così entrerò in possesso di un altro tesoro!»
La moglie approvò: «Dobbiamo ritrovare il gatto, così avrò dei vestiti nuovi!»
Il figlio, continuando a piangere, aggiunse: «Dobbiamo ritrovare il gatto, così chiederò ulteriori giocattoli!»
Nessuno però sapeva che fine avesse fatto.

Ajar era di nuovo a caccia nella foresta.
Ogni tanto, raggiungeva la radura dove aveva incontrato la tigre e si fermava a giocare ricordando l'incredibile avventura che gli era capitata proprio in quel luogo.
Imbracciò l'arco e prese la mira verso il ramo scelto, quando sentì una voce chiamarlo: «Ajar! Ti stavo aspettando...»
Si voltò e vide la tigre.
Lasciò cadere l'arco e corse ad abbracciarla: «Tigre! Che gioia rivederti! Come fai ad essere qui?».
Il felino rispose: «È una lunga storia che, fortunatamente, adesso è finita... Presto tornerò ad essere un gatto normale e non potrò più fare nessuna magia...»
«Perché?» chiese il bambino.
La tigre si mise comoda e cominciò a raccontare: «Tanto tempo fa ero un gatto comune. Un giorno entrai di nascosto nella casa di un grande mago e gli mangiai tutta la cena che aveva lasciato sul tavolo. Per punirmi, fece un incantesimo: da quel momento avrei potuto trasformarmi in qualunque altro animale e, durante il mutamento, anche parlare. Sarei stato però costretto ad esaudire ogni desiderio degli uomi-

ni che, per avidità, mi avrebbero cercato ovunque per farmi prigioniero, condannandomi così alla solitudine. Tutto questo sarebbe durato fino a quando non avessi trovato contemporaneamente tre persone talmente sagge da non desiderare nulla e tre persone talmente stolte da desiderare solo quello che già possedevano...»
«Ma è impossibile!» disse Ajar. Non le troverai mai!»
«Le ho già trovate in realtà!» rispose il felino.»
Poco dopo continuò: «Questo è il motivo per cui non sono fuggito subito dal palazzo del Maharaja! Avrei potuto farlo facilmente, trasformandomi in una farfalla. Avevo però intuito che era arrivata la mia grande occasione.»
«Raccontami!» Chiese Ajar curioso e si concentrò ad ascoltare.
La tigre riprese il racconto: «La prima volta che ci siamo incontrati, mi hai domandato di tornare a casa per pranzo. Tua madre mi ha chiesto di vigilare sul cammino del marito. Tuo padre ha espresso il desiderio di avere un po' di tempo per stare insieme alla moglie. Voi siete le tre persone sagge che non hanno bisogno di magie!»
Incuriosito Ajar chiese: «Come hai fatto dopo a trovare tre persone talmente stolte da desiderare solo quello che già avevano?»
Il felino sorrise: «Il Maharaja voleva un altro tesoro, la moglie altri vestiti ed il loro figlio più giocattoli. Per questo motivo tornerò gatto e sarò libero dall'incantesimo! Potrò finalmente riprendere la mia vita normale!»
Ajar si preoccupò: «Il Maharaja tornerà subito a cercarti non sapendo che non sei più magico!»

«Sarà inutile!» replicò la tigre. «Il mio colore non sarà più lo stesso…»
Pensieroso il bambino aggiunse: «E dove andrai a vivere adesso?»
Il felino sospirò: «Non sai che i gatti scelgono sempre dove abitare? Dai, andiamo a casa!»
Detto questo si trasformò in un gatto tutto tigrato e cominciò a miagolare…
Ajar lo prese in braccio ed iniziò a camminare; poi si fermò improvvisamente e disse preoccupato: «Tigre! Mamma non fa incantesimi; ma è comunque meglio se non sali sul tavolo per rubare la cena…»
Ad Ajar parve che il gatto gli facesse l’occhiolino.

Prefazione a
Il cavallo rosso

Aurora, dopo aver ascoltato la fiaba, prima di addormentarsi disse al padre: «Una storia bellissima, ma ancora non ho trovato il mio regalo!»
Il sovrano le rispose paziente: «A me invece il senso della storia appare chiaro: ad una bambina saggia andrebbe bene qualsiasi regalo, perché comprende che la felicità non si ottiene dagli oggetti.
Una bambina stolta, invece, chiederebbe qualcosa che già possiede…

La mattina del compleanno, appena sveglia, la Principessa Aurora chiamò il padre: «Papà, ho deciso cosa mi piacerebbe avere per regalo!»
«Dimmi!» chiese curioso il Sire.
«Vorrei fare una scampagnata in carrozza con te e mamma e restare insieme tutto il giorno!»
Il padre le rispose: «Sai bene che i doveri di noi sovrani occupano molto tempo; tuttavia, se è questo ciò che desideri, il regno potrà fare a meno di noi per un giorno. Darò ordine di preparare la carrozza più bella: mangeremo in campagna e faremo il bagno nel laghetto. Torneremo solo a pomeriggio inoltrato!»
«Fantastico!» gridò Aurora.

«È stata una giornata meravigliosa!» disse Aurora quella sera, appena rientrarono al castello.

«Ancora grazie per il mio regalo di compleanno! Sono però molto stanca: è meglio se andiamo subito a dormire!»
«Va bene Principessina» rispose il padre. «Che fiaba ti piacerebbe ascoltare?»
Aurora ci pensò un attimo, poi esclamò decisa: «Proseguendo il tema della giornata, mi piacerebbe proprio sentire una bella storia di cavalli!»
«Ogni tuo desiderio è un ordine!» scherzò il padre.
Subito dopo, sfogliando il grande libro delle storie, aggiunse: «Perfetta! Questa mi sembra proprio quella giusta!»

Il cavallo rosso

Vicino alla città di Louisville, nel Kentucky, si trovava un maneggio destinato ai cavalli da corsa.
All'interno delle scuderie quel giorno, fra i vari cavalli, c'era grande agitazione.
Si conoscevano fra loro da molto tempo e si erano stabiliti equilibri e gerarchie. Il capo era un purosangue nero, molto veloce e molto forte, che dominava sugli altri di colore diverso.
La particolarità di questi cavalli, infatti, era di essere tutti colorati. Ve ne erano di verdi, di blu, di bianchi, di viola e di neri. Alcuni erano addirittura arcobaleno!
Fra di loro girava una voce: quel giorno, con una nave a vapore, risalendo il fiume Ohio, sarebbe arrivato un nuovo compagno dall'Inghilterra.
Il cavallo nero era preoccupato: temeva che il nuovo venuto fosse più forte o più veloce, facendolo diventare meno importante agli occhi degli altri.

Il gruppo intanto si poneva diverse domande: «Sarà vero che il nuovo cavallo è antipatico?» chiese Aaron, uno dei cavalli viola.
«Io ho sentito dire che è un gran prepotente!» rispose Colin, un cavallo arcobaleno.
«Ma di cosa vi preoccupate? Appena arriverà lo conosceremo e potremo giudicarlo…» replicò Amelia, una giumenta di colore blu particolarmente saggia.

Benjamin intanto si trovava in navigazione lungo il fiume per raggiungere la sua nuova casa. Era sereno, anche se il viaggio attraverso l'oceano era stato lungo e faticoso.
La navigazione fluviale era però tranquilla, il battello non oscillava e lui poteva concentrarsi sul paesaggio.
Ammirava le morbide colline ricoperte di vegetazione, dove ogni tanto scorgeva una fattoria.
«Non è poi così diverso dall'Inghilterra, penso proprio che mi troverò bene in questo paese!» osservò contento.
Arrivò finalmente al porto di Louisville e venne condotto nella sua nuova abitazione.

Appena entrato nella scuderia, gli altri cavalli rimasero muti; poi, quando si presentò dicendo: «Salve! Io sono Benjamin!», tutti scoppiarono a ridere.
Fu Carson, uno stallone grigio, il primo a parlare: «Ma è tutto rosso! Di colori ne avevo visti tanti, ma un cavallo rosso non pensavo proprio che potesse esistere!»
James, un puledro bianco aggiunse: «Non solo è rosso, ma parla con un accento terribile!»
I cavalli ricominciarono a ridere...
Benjamin fortunatamente non poteva diventare rosso per l'imbarazzo, visto che questo era il suo colore naturale; ma provò a spiegarsi: «Nell'allevamento dove sono nato siamo tutti rossi, non c'è niente di strano ed il mio modo di parlare è assolutamente normale in Inghilterra!»
Brandon, il cavallo nero dominante, nel frattempo stava squadrando il nuovo cavallo e subito si accorse che era più piccolo di lui.
Quindi fece subito valere la propria autorità: «Fate silenzio! Benjamin! Il tuo posto è l'ultimo in fondo. Ti consiglio di non parlare, fino a quando non avrai imparato a farlo come si deve. Qui non siamo in Inghilterra!»
Benjamin abbassò il muso sconsolato; quindi si avviò mogio verso il luogo che gli era stato assegnato.
Amelia gli andò incontro: «Benjamin non avere timore! Ti trattano male perché sei l'ultimo arrivato, ma nessuno di loro è cattivo! Mi sposterò io vicino a te, così avrai compagnia e non ti sentirai solo...»
Benjamin sorrise ad Amelia e cominciò a guardarla meglio: era giovane e carina, anche se un po' più grande di lui.

«Grazie Amelia, sei proprio gentile!» le disse con gratitudine.

Quella notte dormì pochissimo. Era preoccupato per il giorno a venire... Sarebbero cominciati gli allenamenti e lui, ancora spaesato, non si sentiva pronto.

La mattina dopo entrarono gli uomini per portargli la colazione e ritrovò tutto il suo entusiasmo: la biada era ottima proprio come in Inghilterra.
Il circuito di allenamento era perfetto, con terreno uniforme e non troppo assolato.
Brandon, il cavallo nero, cominciò a battere al suolo gli zoccoli delle zampe anteriori: era il suo modo di comunicare agli altri la propria potenza.
Guardando Benjamin, disse autoritario: «Oggi valuteremo la tua velocità.»
Nel frattempo, i fantini prepararono i cavalli per l'allenamento.
«Io prendo Brandon!» disse Blake Thompson, il proprietario del ranch dove si trovava la scuderia. Subito dopo, rivolgendosi al figlio: «Ian! Tu prendi Benjamin: è il più piccolo, proprio come te e sembra mansueto... Non ti creerà problemi!»
Ian corse immediatamente verso il cavallo rosso.
Era contento della scelta: «Diventeremo campioni insieme!» pensò immaginando coppe e trofei futuri.
Anche Benjamin era contento di quell'abbinamento:
Ian sembrava più leggero degli altri fantini.

La linea di partenza era posizionata ad un miglio ed un quarto dal palo di arrivo e tutti i cavalli erano concentrati e pronti a partire.
Al via Brandon prese subito il comando, galoppando ad una velocità che Benjamin non avrebbe mai potuto tenere.
Il cavallo rosso pensò: «Non potrà certo correre così per tutto il percorso; lo raggiungerò alla fine del circuito, quando sarà stanco!»
Tutti gli altri accelerarono, cercando di raggiungere il cavallo nero...
Brandon però rallentò solo dopo aver superato il traguardo, seguito dagli altri.
Benjamin arrivò ultimo.
Deluso ed amareggiato, venne schernito dai compagni ...
«Sei un cavallo oppure una lumaca?» disse il cavallo bianco. Quello viola aggiunse: «Non è una lumaca, è una tartaruga!»
Brandon, il cavallo nero, chiuse ogni discorso: «Far venire un cavallo dall'Inghilterra! Un cavallo che arriverà sempre ultimo! Sono strani, questi umani!»

Benjamin, quella sera, si ritirò in disparte nel suo box, senza parlare con nessuno.
Gli altri preferivano circondare il vincitore per lusingarlo.
«Bravo Brandon, ero sicuro tu fossi imbattibile!» disse Aaron.
«Non si è mai visto un cavallo così veloce!» aggiunse Colin.
Il cavallo nero guardava tutti con orgoglio; senza ringraziarli aggiunse: «Troppo facile vincere contro di voi...

Speriamo un giorno arrivi un vero purosangue con cui confrontarmi alla pari…»

Amelia intanto si era avvicinata a Benjamin che stava, per l'ennesima volta, a muso basso guardando per terra. «Cavallo rosso!» disse autoritaria. «Non ci faremo prendere dallo sconforto al primo allenamento?»
Benjamin le rispose: «Cara Amelia, avrai notato che siete tutti più veloci di me! Cos'altro dovrei fare?»
Amelia sorrise e rispose: «Certo che siamo più veloci! Sei appena arrivato! Con il tempo migliorerai; ed allora correrai come il vento! Fidati! Pensa solo ad allenarti con continuità ed impegnati al massimo. Il resto verrà da sé!»

Anche Ian era deluso. Aveva visto il padre sorridere quando, cavalcando Benjamin, era arrivato ultimo.
Il Sig. Thompson, in realtà, non derideva la prestazione del figlio. Era contento! In tanti anni di carriera non aveva mai visto un cavallo correre così veloce al primo allenamento. «Benjamin diventerà imbattibile!» pensò.
«Anche mio figlio se la cava proprio bene… cresceranno insieme e daranno del filo da torcere a tutti…»

Arrivò l'inverno e gli allenamenti si fecero meno intensi. Benjamin era ormai cresciuto ma, misteriosamente, rimaneva ancora il meno veloce.
Il Sig. Thompson cominciò a preoccuparsi. «Forse Ian non è ancora pronto per condurre un cavallo… Del resto non è facile; neanche per un adulto.»
Provò a parlare con il figlio: «Ho pensato di toglierti Benjamin per qualche tempo; forse è meglio che si alleni con un fantino esperto. Quando sarà diventato un vero purosangue da corsa, potrai riprenderlo.»
Il figlio si mise a piangere e rispose: «Io e Benjam siamo fatti per correre insieme… Non ti sei accorto che tutti i cavalli tengono quello rosso a distanza come se avesse la peste? Questo è il vero problema!»
Infine aggiunse: «È solo insicuro, dovremmo provare ad allenarlo senza gli altri!»
Il padre ci pensò un attimo, poi replicò: «Proveremo questa sera una corsa solitaria e verificherò con il cronometro.»
Benjamin venne allineato da solo sulla linea di partenza.
Ian gli parlò in un orecchio: «Ascoltami bene, devi correre

più veloce che puoi se vuoi continuare ad allenarti con me!»
Al via il cavallo rosso cominciò a galoppare come sempre faceva; ma questa volta, non sentendosi giudicato da nessuno, era veloce: molto veloce.
Il padre di Ian se ne accorse ed all'arrivo verificò le proprie impressioni sul cronometro. Benjamin aveva gli stessi tempi di Brandon, il cavallo nero.
Il Sig. Thompson rimase stupefatto e chiese a Ian: «Come hai fatto ad accorgerti del problema?»
Il figlio rispose sicuro: «Mi alleno con lui tutti i giorni, come potrei non capirlo?»

Dentro la scuderia, gli altri cavalli si stavano chiedendo quale fosse il vero motivo dell'addestramento appartato di Benjamin.
Brandon era sicuro di conoscerlo: «Si vergognano di far vedere un cavallo lumaca. Così lo usano come gioco per Ian!»

Quella sera, appena vide Benjamin rientrare, il cavallo arcobaleno disse ad alta voce: «Guardate, è tornato il cavallo giocattolo! Cosa sei in realtà? Un cavallo a dondolo?
Benjamin stava per urlare la sua rabbia quando incrociò lo sguardo di Amelia e si calmò.
Più tardi Amelia gli si avvicinò e, per tranquillizzarlo, disse: «Benjamin, continua con massimo impegno i tuoi allenamenti e lasciali parlare... Le chiacchiere nella vita non hanno alcun valore: sono i fatti che contano!»

Benjamin continuava ad allenarsi ogni sera con Ian, mentre il padre cronometrava soddisfatto.

Una mattina di primavera guardò orgoglioso il figlio; poi dalle sue labbra uscirono queste parole: «Ian, ti piacerebbe partecipare al Kentucky Derby?»
Il figlio rimase muto… Poi rispose: «Non credo di essere pronto; e nemmeno Benjamin. È la corsa più importante d'America!»
Il padre, sorridendo, aggiunse: «Benjamin al prossimo Derby compirà tre anni e non ci saranno altre possibilità per lui. Lo sai che è una gara riservata ai cavalli di quella età... Solo Benjamin e Brandon, che non ha ancora compiuto quattro anni, possono parteciparvi.

Quella sera, in allenamento, Ian si concentrò più del solito: voleva dimostrare di meritare la corsa.
Accadde però l'imprevedibile: nel momento di massima velocità, lungo il rettilineo, uno scoiattolo attraversò la pista.
Benjamin lo vide all'ultimo momento e istintivamente si fermò di colpo per non calpestarlo. Ian venne scaraventato a diversi metri di distanza e, dopo una capriola in aria, cadde battendo la testa.
Rimase disteso a terra privo di sensi. Il padre si mise a correre per raggiungerlo, urlando il suo nome.
Accorsero tutti gli uomini del ranch e Ian venne portato in camera sua e disteso sul letto, ancora svenuto.
Quando riprese conoscenza, sentì il medico che diceva al padre: «Niente di rotto! È stato fortunato ma ha subito

un forte trauma alla testa ed una distorsione al ginocchio: dovrà stare a riposo per un lungo periodo… Non fatelo cavalcare, mi raccomando!»
Il Sig. Thompson, pensieroso, rispose: «Grazie di tutto; seguiremo rigorosamente i suoi consigli. Neanche Benjamin parteciperà al Derby! Mio figlio ci rimarrebbe molto male e questo incidente mi ha convinto che quel cavallo è stata una scelta sbagliata: troppo pauroso ed insicuro!

Arrivò il gran giorno del Derby.
Benjamin se ne stava in disparte nel suo angolo, ascoltando Amelia che diceva: «Cavallo rosso! Su con il morale! Ci saranno altre gare…»
Gli altri cavalli invece, mentre si preparavano per la corsa, scherzavano fra loro: «Il cavallo a dondolo oggi non viene?»
Brandon prese la parola: «Fate silenzio! Oggi è il giorno del Kentucky Derby. È un'occasione che capita solo una volta nella vita! Venite tutti con me e guardate come si vince! Non è un giorno per cavalli rossi! Lasciamolo solo...»

Quando tutti se ne furono andati, Benjamin si chiese se avesse fatto bene a lasciare l'Inghilterra.
«Se fossi rimasto dove sono nato, nessuno mi prenderebbe in giro per il mio colore o per il mio modo di parlare...»
Mentre era concentrato nei propri pensieri, entrò Ian zoppicando e con il ginocchio ancora fasciato.
«Preparati Benjamin, noi andremo al Derby! Nessuno potrà impedirci di parteciparvi! Churchill Downs non è così lon-

tana e quando inizierà la corsa non potranno più fermarci!»
Detto questo cominciò a bardare il cavallo.

Appena arrivati all'ippodromo si presentarono per l'iscrizione. Il ragazzo, con fare deciso, disse: «Mi chiamo Ian Thompson, sono il fantino; e questo è Benjamin, purosangue inglese di tre anni!»

Vennero fatti entrare nel recinto dove erano radunati gli altri cavalli.
Per un evento importante come il Kentucky Derby, il Sig. Thompson assumeva esclusivamente i migliori fantini d'America. Arrivavano, solo per quel giorno, da tutti gli Stati Uniti e Ian era certo di non essere riconosciuto. Per maggior sicurezza, si coprì parte del volto con la visiera del berretto...
Brandon invece vide subito Benjamin ed esclamò: «Cosa sei venuto a fare qui? Vuoi fare brutta figura davanti a diecimila spettatori?»
Subito dopo, scuotendo la testa, aggiunse: «Un cavallo rosso che partecipa al Derby; dove andremo a finire…»
Ian non poteva comprendere le conversazioni fra cavalli ma si accorse che Benjamin si stava innervosendo.
Per calmarlo, gli disse sussurrando: «Adesso ci comporteremo come fosse un allenamento serale… Guarda il palo di arrivo e fingi non vi siano altri concorrenti! »
Vennero portati sulla linea di partenza e Benjamin iniziò a tremare. Non aveva mai visto così tante persone.
Ian percepì il tremolio del cavallo ed ancora una volta

gli parlò da vicino: «Calma, calma... Devi solo guardare avanti e correre!»
Benjamin così fece.
Allo start passò subito in testa al gruppo e cominciò a correre più veloce del vento; proprio come aveva previsto Amelia.

Alla prima curva del circuito ovale fece però un errore.
Si allargò troppo all'esterno e venne superato da Brandon, il cavallo nero, che grazie alla propria abilità strinse meglio la curva.
Benjamin, intimorito e di nuovo bloccato dalle proprie paure, iniziò a rallentare e venne sorpassato da altri quattro cavalli.
Nella sua mente però, proprio in quel momento, gli apparve Amelia che lo incitava: «Cavallo Rosso! Lasciati dietro le tue paure! Tu sei Benjamin, il cavallo più veloce del mondo! Corri! Corri!»
Galvanizzato da quelle parole Benjamin pensò: «Grazie Amelia! Hai ragione! È ora di dimostrare chi sono!

Ian sentì l'accelerazione e si aggrappò alle briglie con tutte le sue forze per non cadere.

Vedendo aumentare improvvisamente la velocità del cavallo rosso, tutto il pubblico si alzò in piedi e si sentì un boato di approvazione.
Recuperando terreno su Brandon, Benjamin superò uno per uno gli altri quattro cavalli.

Il cavallo nero, grazie al vantaggio accumulato, era ormai sicuro di vincere ed affrontò convinto il rettilineo prima del traguardo.
Benjamin però non era più un puledro intimorito. Adesso era un purosangue da corsa: non udiva più le urla degli spettatori; non vedeva altri cavalli...
Sentiva solo il vento soffiare impetuoso attraverso la propria criniera.
Quando Brandon lo vide arrivare, si rese subito conto che non poteva competere in velocità e pensò: «Non può essere Benjamin, deve trattarsi di un altro cavallo rosso...»

Il Sig. Thompson, sulla linea del traguardo, non credeva ai propri occhi: aveva scommesso una discreta somma su Brandon ed era certo della vittoria.
Il denaro di quella vincita gli era indispensabile per ristrutturare il ranch. Adesso vedeva arrivare un cavallo rosso molto veloce, che avrebbe certamente battuto il suo cavallo nero.
Poco dopo riconobbe il fantino e rimase a bocca aperta...

Benjamin tagliò il traguardo per primo e vinse.
Il padre corse ad abbracciare il figlio e, con le lacrime agli

occhi per la felicità, provò a scherzare con lui: «Ian! Mi sembrava di averti proibito di cavalcare! Chi ti ha dato l'autorizzazione per vincere il Derby del Kentucky?»

Più tardi, rientrati nelle scuderie, tutti i cavalli volevano stare accanto a Benjamin.
«Aaron, il cavallo viola, si complimentò con lui: «L'ho sempre detto che saresti diventato un campione!»
Colin, il cavallo arcobaleno, aggiunse: «Dal primo momento che ti ho visto ho capito che eri un vero purosangue!»
Benjamin non li stava nemmeno ad ascoltare.
Aveva notato Brandon che si era appartato con aria preoccupata.

Andò verso di lui e domandò: «Brandon, cosa ti succede?»
Il cavallo nero rispose: «Temevo di trovare in gara un cavallo più veloce, ma non avrei mai pensato a te. Adesso sei tu il cavallo più importante di questa scuderia.»
«Solo perché ho vinto una corsa?» Chiese Benjamin.
«Solo una corsa?» replicò indignato Brandon. Non hai vinto "solo" una corsa! Hai vinto il Kentucky Derby, la corsa più importante del mondo!»
Benjamin, guardandolo negli occhi, concluse: «Brandon, non ho nessuna intenzione di prendere il tuo posto! Sei più grande di me, anche se solo di qualche mese e ti considero un fratello maggiore... Sarai sempre tu il riferimento di tutti noi. Sono però contento del fatto che adesso nessuno riderà più di un cavallo rosso...»
Quella sera, prima di addormentarsi, stanco e soddisfatto, Benjamin disse ad Amelia: «Posso farti una domanda?»
«Certo! Chiedi pure.»
«La corsa più importante del mondo non è il Royal Ascott?»
Amelia, prima di rispondere, scosse la testa e sorrise: «Cavallo rosso! Benvenuto in America!»

Terminati i festeggiamenti, rimasti finalmente soli, il padre si rivolse a Ian: «Sono molto orgoglioso di te! Sei il più giovane vincitore del Kentucky Derby!»
«Grazie!» rispose il figlio. «È stata una giornata memorabile! Con la mia vittoria abbiamo anche ottenuto un bel gruzzoletto, che ci sarà utile per migliorare le scuderie!»
Il padre sorrise, pensando alla scommessa persa; poi,

guardando Ian negli occhi, ricordò ad alta voce uno dei suoi famosi proverbi: «Il denaro è come la risacca del mare: va e viene…»

Prefazione
La bambina che non sapeva parlare

Capitava spesso che la Principessa Aurora chiedesse al padre spiegazioni sulle fiabe ascoltate.
Quella mattina, facendo colazione, domandò: «Non ho capito bene la questione della scommessa: hanno vinto oppure hanno perso?»
«Semplice!» rispose il padre. «Hanno vinto il premio del Kentucky Derby ma hanno perso i soldi della puntata.»
La Principessa, a quel punto, si preoccupò: «Come avranno fatto a ristrutturare il ranch?»
«Tranquilla Aurora…La cifra vinta era molto più alta di quella persa; ma scommettere, come hai potuto comprendere, non è cosa saggia… Le persone intelligenti fanno affidamento sulle proprie capacità e non sulla fortuna.»
Subito dopo aggiunse: «A proposito di capacità, è ora che ti prepari per la tua lezione di pianoforte.»
Aurora cambiò espressione.
Imbronciata, disse al re: «Oggi non ho proprio voglia di seguire la mia lezione di musica… Non mi piace! È molto noiosa!»
Il padre, paziente, le rispose: «Cara figlia mia, diventare adulti è faticoso. Senza sacrificio nulla si ottiene!»
Dopo cena, arrivato il momento della buonanotte, il sovrano prese il grande libro delle storie e cercò la fiaba della musica.

La bambina che non sapeva parlare

In Australia, nei pressi della città di Adelaide, due genitori erano molto in ansia.
Quel giorno sarebbero tornati dall'ospedale con Linda, la loro prima figlia: era appena nata ed aveva già portato la gioia nella famiglia.
La cameretta era pronta e, anche se preoccupati, non vedevano l'ora di cominciare questa nuova avventura.
Come genitori erano inesperti, lo sapevano bene, ma Linda avrebbe comunque avuto tutte le attenzioni necessarie; ne erano sicuri.

Patricia, la madre, era un'insegnante elementare.
Abituata, quindi, a crescere bambini.

Charlie invece, il padre, era un vigile del fuoco. Sempre molto attento, per lavoro, alla sicurezza delle persone.

Quella sera, distesa Linda nella culla, si fermarono a contemplarla.
Era meravigliosa: aveva grandi occhi azzurri, proprio come la madre e capelli rossi, appena percettibili vista l'età, esattamente come il padre.
Si scambiarono, fieri, uno sguardo di approvazione.

Si accorsero però, dopo qualche giorno, che qualcosa non andava: Linda non piangeva mai.
Era difficile intuire se fosse affamata o se avesse qualche dolore al pancino, come tutti i bambini.
Provarono ad ascoltare un medico specialista che, dopo averla visitata, sentenziò: «Non ha nulla che non va! Vedrete che presto comincerà a lamentarsi!»

Gli anni passavano, ma Linda continuava a restare silenziosa.
Venne il tempo della scuola ed i genitori erano sempre più preoccupati: «Come farà a rispondere alle domande della maestra?» si chiedeva la mamma.
Il padre, per cercare di rassicurarla, ripeteva sempre le stesse parole: «L'abbiamo fatta visitare dai migliori specialisti. Dicono tutti la stessa cosa: Linda non ha alcuna disfunzione. Prima o poi comincerà a parlare.»

Il primo giorno di scuola la madre entrò in classe e spiegò

agli altri bambini: «Linda è molto sveglia ed intelligente, però non parla. Cercate di volerle bene ed aiutatela.»
I compagni di classe, nonostante quelle parole, non si dimostrarono interessati a giocare con lei: la consideravano noiosa.
Le maestre invece, al contrario degli alunni, la presero subito in simpatia.
Era sufficiente, per interrogarla, farle scrivere le risposte.
Era molto calma, in classe non disturbava mai con il suo comportamento ed era sempre attenta.

Un giorno la madre di Harry, un suo compagno di scuola, chiese al figlio: «Perché non inviti mai Linda a studiare a casa con te? Hai invitato tutti, manca solo lei»
Harry rispose deciso: «Non parla! Come faccio a studiare con una bambina che non riesce a dire neanche una parola?»
La madre guardò il figlio con severità, poi aggiunse: «È una bambina molto carina, brava ed intelligente. Anche se non parla può udire benissimo! Tua nonna ha sempre sostenuto che le persone migliori sono quelle che non dicono niente! Ascoltano!»
Harry, non del tutto convinto, si sforzò di invitarla per il successivo pomeriggio.

Linda era molto eccitata! Per la prima volta, un compagno le aveva chiesto di studiare assieme.
Sapeva perché nessuno la invitava: non riusciva a parlare e quindi era sempre esclusa dai giochi.

Non la prendevano in giro. Era semplicemente ignorata, come se non esistesse.
Si era accorta che tanti, quando si rivolgevano a lei, parlavano lentamente, usando parole semplici.
Probabilmente temevano che non riuscisse a comprendere il senso compiuto delle frasi.
«Eppure io capisco perfettamente tutto quello che dicono!» pensò delusa.

La casa di Harry era una bella villetta di legno in periferia. La madre accolse Linda con un gran sorriso; poi le disse: «Vai pure in camera di mio figlio, ti sta aspettando: io resterò in salotto con la tua mamma.»
Appena Linda si allontanò chiese: «Come mai tua figlia non parla? Avete provato a farla vedere da un medico?»
Patricia, la madre di Linda, rispose con gentilezza, anche se quel problema le causava un enorme dispiacere: «Si! È stata visitata dai migliori dottori; nessuno sa spiegarsi il motivo per cui Linda non parli. Dicono che è solo un blocco mentale, ma intanto il tempo passa e lei continua con il suo mutismo»
La madre di Harry, con compassione, disse: «Povera piccola, speriamo guarisca presto!»
Quelle parole, a cui Patricia era ormai abituata, ne aumentavano però sempre il dolore...

Harry aveva già cominciato l'esercizio di matematica quando vide entrare Linda.
Pensò subito: «Che noia fare i compiti con questa bambi-

na. Purtroppo mamma vuole così. Speriamo la giornata passi presto.»
Linda si mise a sedere accanto ad Harry, verificandogli le somme scritte sul quaderno. Si accorse di un errore e lo fece notare, con un segno rosso, al suo compagno di scuola.
Harry rimase sorpreso: aveva sottovalutato quella bambina. Quindi disse: «Grazie Linda, non me ne ero accorto!» Subito dopo, dubbioso, pensò: «Chissà perché viene spontaneo credere che, se una persona non riesce a parlare, probabilmente non comprende nulla!»
Mentre era concentrato nei propri pensieri, Linda vide gli strumenti musicali. C'erano un pianoforte ed un violino che attirarono subito la sua attenzione.
Non ne aveva mai visti dal vero.
Harry prese per mano Linda e la condusse verso gli strumenti: «Prendo lezioni di musica, ma non mi piace; troppo noiosa!»
Linda provò a toccare uno dei tasti del pianoforte e nella stanza risuonò una nota decisa.
Harry ebbe un'illuminazione: «Linda! Mi è venuta un'idea: potremmo metterci d'accordo! Scegliamo questa nota come NO, un altra come FORSE ed una terza come SI. In questo modo puoi rispondermi senza parlare!»
Ricominciarono a studiare, ma questa volta potevano comunicare.
Per fare una prova, Harry cominciò a parlare ad alta voce: «Il fiume più lungo del nostro continente è il Darling!»
Immediatamente Linda fece suonare la nota che significava NO.

«Forse il Lachlan!» continuò Harry.
Anche in questo caso Linda rispose con la nota NO.
«Murray?»
Linda premette forte il tasto che voleva dire SI.

Da quel giorno Linda volle sempre andare a fare i compiti a casa di Harry.
Un pomeriggio, il bambino annunciò: «Mi è venuta un'altra idea! Anche tu dovresti studiare musica, così abbinando le diverse tonalità alle parole potremo fare discorsi interi! Io migliorerò nel pianoforte e tu imparerai a suonare il violino.»

Linda, scrivendolo su un foglio, comunicò ai genitori la loro decisione.
Inizialmente la madre rimase perplessa: temeva che così facendo la figlia non avrebbe mai cominciato a parlare.

Fu il padre a sbloccare la situazione: «Patricia, forse Linda non parlerà mai! Meglio farsi capire con le note piuttosto che non comunicare. Mi sembra un'idea grandiosa! Impareremo anche noi il significato delle varie tonalità e comprenderemo sempre quello che vuole dirci!»

Linda ed Harry cominciarono a studiare musica per molte ore al giorno.
Finita la lezione, giocavano insieme ad abbinare le parole alle note.
Inizialmente, certe combinazioni di FA, di Do e di MI significavano: «Ciao Linda come stai?
Linda rispondeva con un SOL, un RE ed un LA per dire: «Tutto bene, grazie!»
In breve tempo, Harry con il pianoforte e Linda con il violino, arrivarono a comporre frasi complete. Sempre utilizzando le note abbinate alle parole.
Purtroppo non potevano parlare a scuola, perché la musica avrebbe disturbato gli altri compagni; ma Harry non pensava più che Linda fosse noiosa ed aspettava ansioso il pomeriggio per chiederle spiegazioni sulla lezione.
Era molto più brava di lui nelle varie materie scolastiche e, grazie alle parole musicali che avevano inventato, poteva aiutarlo.

Passarono diversi anni; Harry e Linda continuarono a trascorrere il loro tempo insieme. Adesso le lezioni di musica erano diventate divertenti.
Il loro linguaggio musicale era diventato molto articolato

e potevano scambiarsi qualsiasi messaggio. Mantenevano però con l'insegnante il più assoluto riserbo: non volevano far conoscere a nessuno il loro segreto…
Il Maestro era convinto che fossero dei geni musicali, in grado di comporre una melodia all'istante.
Chiedeva ad Harry: «Crea un motivetto!» e lui lo faceva senza nemmeno pensarci. La stessa cosa era capace di fare Linda. Non aveva mai visto dei musicisti così abili e veloci.
In realtà, non componevano musica ma parlavano fra loro con il linguaggio fatto di note.
Harry suonava il pianoforte dicendo: «Ciao Linda, guarda come è buffo oggi il nostro maestro di musica! Secondo me non si è neanche pettinato questa mattina!»
Linda rispondeva con il violino: «Ciao Harry, non solo non si è pettinato ma ha anche indossato calze di colore diverso!»
Quello che però percepiva il loro insegnante era un brano soave ed armonico.

Un giorno l'insegnante convocò i genitori e chiese: «Vorrei farvi firmare un contratto per portare i vostri figli a suonare nei vari teatri; ed anche registrare le loro musiche! Non ho mai avuto allievi così capaci. Neanche io saprei comporre melodie come loro.» Subito dopo aggiunse: «Inviterò a teatro i migliori musicisti per ascoltarli! Resteranno tutti increduli!»
I genitori, che conoscevano il linguaggio segreto delle

note, sorrisero senza rivelare il vero motivo dell'abilità di Linda ed Harry e firmarono il contratto.
Il teatro era pieno: erano giunti musicisti perfino da Darwin per verificare se esistessero veramente due ragazzi capaci di inventare musica istantaneamente.
Un vecchio professore, dubbioso, fece la prima domanda: «Giovanotti, vediamo se siete in grado di comporre una melodia iniziando con una nota precisa: scelgo un FA.»
Harry e Linda sorrisero. Il FA, nel loro linguaggio segreto, significava semplicemente dire: "ciao". Anche i genitori sorrisero.
Il professore aggiunse: «Avrei piacere che cominciasse la signorina.
Linda prese il violino, guardò Harry negli occhi ed iniziò a suonare queste parole: «Ciao Harry! Ciao Mamma, ciao papà! Avete visto quante persone sono venute ad ascoltarci! Sembra incredibile che nessuno capisca che stiamo parlando e non creando una sinfonia. Sono tutti convinti che siamo dei veri compositori.»
Il vecchio professore rimase allibito. Quella ragazza riusciva a comporre una nuova melodia senza nemmeno avere bisogno di scriverla. Non aveva mai assistito a nulla del genere.
Riprese la parola: «Adesso, per favore, il ragazzo. Componi partendo da un SOL.»
Harry si sedette al pianoforte. Il SOL nella loro lingua era la parola "tutto".»
Si sentiva di buon umore ed aveva voglia di scherzare, quindi suonò: «Tutto il mondo pensa che questo profes-

sore sia vestito come un pinguino! Anzi, a ben guardare, tutti nella sala, con i loro vestiti eleganti, sembrano pinguini. Deve trattarsi di una epidemia!»

I genitori si misero a ridere, ma il professore, che aveva udito solo un suono perfetto ed armonico, si alzò in piedi e disse convinto: «Siamo di fronte ai migliori compositori d'Australia. Colleghi musicisti, inchiniamoci di fronte alla loro grandezza.»
Detto questo abbassò il capo in segno di rispetto.
Tutti gli altri iniziarono a battere le mani, gridando: «Bravi! Bravi! Componete ancora un'altra musica!»
Harry fece l'occhiolino a Linda e senza farsi sentire le propose: «Possiamo ripassare le moltiplicazioni partendo dal due!»
Cominciarono a suonare: «Due per uno due; due per due quattro; due per tre sei; due per quattro otto…» e continuarono fino al numero dieci.
I musicisti stavano ormai per svenire: quei due ragazzi erano talmente bravi che riuscivano ad inventare una melodia in coppia, senza spartito, senza sbagliare una nota.

Harry e Linda diventarono presto famosissimi.
I loro brani avevano ormai superato i confini d'Australia ed erano suonati dai musicisti di tutto il mondo.
Quando andavano a teatro, per ascoltare un concerto, ridevano felici. Nessuno conosceva il loro segreto.
La situazione, certe volte, diventava perfino buffa.
In un'occasione, il direttore d'orchestra li aveva riconosciuti e, prima di iniziare, aveva detto: «Gentile pubblico, è per me un grande onore suonare un brano in presenza dei compositori!» Subito dopo, con gesto plateale e solenne, aveva cominciato a dirigere.

Il brano era composto dalle parole: «Nella vecchia fattoria, ia ia oh! Quante bestie ha zio Tobia, ia ia oh...»

Furono anni felici, che trascorsero veloci.
Erano ormai diventati adulti.

Un giorno Linda si accorse che Harry la stava fissando in silenzio e gli chiese, suonando il violino: «Perché mi guardi così! Cosa ho che non va?»
Harry non voleva risponderle con le parole, quindi andò a sedersi al pianoforte e parlò con le note: «Non hai niente che non va! Linda, sei bellissima ed io, da molto tempo, sono innamorato di te! Non ho mai avuto il coraggio di dirtelo prima per paura di rovinare il nostro rapporto di amicizia... Vorrei vivere con te per sempre e vorrei che tu diventassi mia moglie... Linda... Vuoi sposarmi?»
Linda prima lo guardò; poi, incredibilmente, iniziò a parlare usando la propria voce: «Si! Voglio sposarti!»
Harry rimase stupefatto, quindi esclamò: «Linda! Tu parli!»
Lei rispose sorridendo: «Mi sono accorta tempo fa che, collegando note a parole, superavo il mio blocco psicologico e riuscivo a parlare...»
Restò un attimo in silenzio... Poco dopo aggiunse: «Senza di te avrei vissuto una vita orribile, sarei sempre stata considerata una bambina sciocca e noiosa.»
Harry la interruppe immediatamente: «Noi sei né sciocca né noiosa!

«Certo!», rispose Linda. «Senza di te e senza il nostro linguaggio segreto però non se ne sarebbe mai accorto nessuno… Ho avuto paura che, se non avessi più avuto bisogno della musica per parlare, sarebbe finito quel legame che ci unisce così profondamente.
Nella mia vita, a parte i miei genitori, solo tu sapevi esattamente cosa dicessi e cosa pensassi... Così ho deciso che tu solo avresti potuto sentire il suono delle mie prime parole; perché sognavo di iniziare a parlare rispondendo ad una tua precisa richiesta! Volevo che tu ascoltassi la mia voce dire: «Si! Voglio sposarti!»
Harry l'abbracciò, ancora incredulo.
Subito dopo la prese per mano ed aggiunse:
«Andiamo a casa! I nostri genitori saranno contenti!»

Prefazione
Il delfino burlone

La Principessa Aurora aveva ascoltato la fiaba con attenzione ma non si era addormentata.
Disse al padre: «Che storia fantastica! Non dirò mai più che non mi piacciono le lezioni di musica…»
«Brava Aurora!» disse il padre. «Adesso però è ora di mettersi a dormire.»
«No padre! Ti prego! Raccontami un'altra storia; non ho ancora sonno…» si lamentò la Principessa.
Il re, sospirando, guardò verso l'alto e rispose: «Povero me! Tu non avrai sonno, ma io non riesco a tenere gli occhi aperti!»
Aurora, a quel punto, sfoderò la sua arma segreta: con lo sguardo più implorante possibile, cominciò a ripetere: «Ti prego! Ti prego! Ti prego!»
Il Sire si rassegnò e, con voce solenne, aggiunse: «Domani, per colpa della Principessina, il regno avrà un sovrano stanco ed assonnato!»
Subito dopo cominciò a sfogliare il grande libro delle storie in cerca di un'altra fiaba… Possibilmente breve...

Il delfino burlone

Nel mar cinese meridionale, nei pressi dell'isola di Hainan, nuotava felice Leonardo, un delfino ancora giovane e giocoso.

Leonardo era un burlone e si divertiva a fare continuamente scherzi.
Per lui la cosa più importante del mondo era prendersi gioco degli altri abitanti del mare.
Mamma delfino non era particolarmente preoccupata da questo, anche se temeva che a volte esagerasse. «È ancora un bambino; crescerà e la smetterà con queste sciocchezze.»
Leonardo era di colore grigio, con il ventre bianco.
Si era accorto che, a prima vista, poteva essere scambiato per un pescecane. In fondo si assomigliavano.
Gli squali sono pesci, i delfini mammiferi; ma tutto questo, da una certa distanza, non si può notare.

L'unica differenza evidente è nel modo di muoversi.
Il delfino ha la coda orizzontale invece che verticale; nuota quindi muovendola dall'alto verso il basso invece che da destra verso sinistra. Lo squalo viceversa.
Era da poco passato mezzogiorno e Leonardo si stava concentrando alla ricerca di un nuovo scherzo: «Se nuotassi piano, senza far affiorare la coda ma solo la mia pinna dorsale, potrei sembrare un pescecane e terrorizzare tutti! Sarebbe proprio divertente!»
In quel momento vide Sarah, la sua amica tartaruga.
Leonardo pensò: «Vediamo se riesco a spaventarla!»
Le si avvicinò da dietro, lentamente, senza fare rumore e senza farsi notare; poi, in modo appena percettibile, la sfiorò.
Sarah, sentendosi toccare, si voltò e vide un terribile squalo che stava per mangiarla...
Terrorizzata rientrò completamente nel proprio guscio e si lasciò trasportare dalla corrente.
Leonardo si mise a ridere: «Sarah! Sono io, Leonardo! Ti ho fatto uno scherzo e tu ci sei cascata in pieno!»
Sarah, ancora con il batticuore, gli rispose arrabbiata:
«È ora di smetterla con questi scherzi sciocchi! Mi hai spaventata! Non c'è proprio nulla di divertente! Se continui così non saremo più amici!»
Leonardo non riusciva a smettere di ridere e, muovendo la coda velocemente per allontanarsi, continuava a ripetere: «Ci sei cascata! Ci sei Cascata!»
Nuotando contento per lo scherzo riuscito, vide in lontananza una canoa con una ragazza che pagaiava affannata.

Leonardo pensò: «Deve sicuramente trattarsi di una persona molto esperta: si è allontanata di diverse miglia dalla spiaggia; probabilmente sarà un'atleta in allenamento. Chi altri potrebbe remare così a lungo? Le farò un bellissimo scherzo! Le farò credere di essere un pescecane e la spaventerò talmente tanto che tornerà a riva come un fulmine!»

Lian, a bordo della canoa, stava cercando di contrastare la corrente. Era molto pentita di aver voluto provare quella piccola imbarcazione. Non lo aveva mai fatto prima e si accorse di essere inadeguata. Remare era faticoso e non riusciva a coordinarsi per mantenere una direzione precisa. La forza del mare l'aveva portata al largo e lei stava cominciando a preoccuparsi.
Il giorno prima i genitori si erano raccomandati: «Stai attenta, bisogna avere rispetto del mare! Basta un attimo e la situazione può diventare molto pericolosa!
Lian aveva scosso le spalle ed aveva loro risposto: «Avete sempre paura che mi capiti qualcosa! Se dovessi dar retta a voi dormirei ancora nella culla per il timore di cadere dal letto! Voglio solo provare una canoa...»
Adesso però rimpiangeva di non aver seguito quel saggio consiglio.

Assorta nei propri pensieri, vide solo all'ultimo momento la pinna grigia che affiorava dall'acqua, proprio davanti la prua.
Si mise ad urlare: «Aiuto! Uno squalo!»
In preda al panico, fece proprio quello che non andava fatto. Si alzò in piedi, come a voler tenere il terribile pesce il più lontano possibile.
Iniziò a barcollare e fece diventare instabile la leggera imbarcazione; quindi, rovesciandola, cadde in mare.
Ricominciò ad urlare: «Aiutatemi! C'è un pescecane!»
Nessuno però poteva sentirla da quella distanza.
Si rese subito conto che, anche indossando il giubbotto di salvataggio, non era in grado di tornare a riva a nuoto.
Guardò allora verso la canoa che, alleggerita del suo peso, si stava allontanando rapidamente.
Lo squalo invece era immobile, pronto a sferrare l'attacco.
«Come farò a sopravvivere?» Pensò Lian.

Leonardo, in un primo momento soddisfatto per lo scherzo riuscito, capì subito che la situazione era diventata drammatica.
Si avvicinò alla ragazza dal basso cercando di spingerla verso la canoa.
Purtroppo Lian, terrorizzata dal pensiero del pescecane, si mise a scalciare in maniera disordinata impedendogli ogni possibilità di soccorso.
Il delfino cominciò a saltare fuori dall'acqua, per cercare di attirarne l'attenzione.
La ragazza lo vide e capì di essersi sbagliata: non era at-

taccata da uno squalo ma si trattava di un delfino.
Recuperata la calma, pensò a come raggiungere la canoa rovesciata: purtroppo era ormai lontana.
Leonardo intervenne rapidamente: iniziò a spingere la ragazza che, finalmente, non aveva più paura di lui.
Lian, grazie alla velocità ed alla forza del delfino, riuscì a riavvicinarsi. Purtroppo si accorse subito che non era in grado raddrizzarla. Non conosceva la tecnica per farlo. Pensò: «Sembrava così facile nell'acqua bassa!» Non aveva più neanche il remo, portato via dalla corrente.
Si aggrappò alla canoa a cominciò a piangere.
Era evidente che non sarebbe più riuscita a rientrare.

Leonardo, nuotando con tutta la forza che aveva, iniziò a spingere la canoa verso riva.

Lian, aggrappata al relitto, dal movimento dell'acqua, si accorse che il delfino stava cercando di portarla verso la spiaggia e cominciò a sentirsi meglio.
Leonardo invece, dopo un primo momento di entusiasmo, aveva capito che tutte le sue forze non gli sarebbero bastate per contrastare la corrente del mare.
Percorsa una certa distanza, ancora lontano da riva, iniziò a sentirsi esausto. Promise a se stesso: «Questa ragazza è in questa situazione per colpa mia! Non l'abbandonerò e non smetterò di spingere finché ne avrò la forza!»
Nonostante i buoni propositi però, trascorsa qualche ora, il delfino fu costretto ad arrendersi.
Non aveva più energie.

La terra era ancora troppo distante perché la ragazza potesse arrivarci da sola ed il Sole, ormai, era vicino al tramonto.
Rimase comunque accanto a Lian; non aveva il coraggio di lasciarla in balia del mare.

Stava ormai per scendere il buio e Leonardo si avvicinò al corpo immerso della naufraga per provare almeno a scaldarla, standole vicino. Ormai, tutto sembrava perduto...

I suoi sforzi, però, non erano stati vani.
Il periodo trascorso a fare pressione sulla canoa, nuotando senza sosta, era servito a non farli allontanare dalla terra.
Nel frattempo la marea era cambiata e non si erano accorti che, adesso, si trovavano non troppo distanti dalla riva.
Alcuni uomini, dalla spiaggia, riuscirono a scorgere in lontananza la ragazza ed avvertire i soccorsi. Subito una barca si precipitò al suo salvataggio.
La ragazza, infreddolita dalle lunghe ore in acqua, venne caricata a bordo da due marinai e la canoa legata a poppa.
Era finalmente salva.

Lian si sporse per toccare il dorso del delfino, che non aveva nemmeno più la forza di allontanarsi e gli disse: «Grazie! Mi hai salvato la vita! Non è stata certo colpa tua se ti ho scambiato per uno squalo. Senza di te non avrei avuto alcuna possibilità di salvezza!»

Leonardo non poteva capire quelle parole, ma il suo pensiero era un altro: «È stata tutta colpa mia! Se non avessi fatto lo scherzo del pescecane questa ragazza non sarebbe stata in pericolo! Potevamo entrambi fare una brutta fine se fosse arrivato un vero squalo quando ero così stanco da non riuscire nemmeno a muovermi!»

Recuperate le forze, Leonardo tornò a casa nuotando veloce. La madre era molto preoccupata per il ritardo. Quando lo vide comprese subito, dallo sguardo, che era accaduto qualcosa di grave.
Gli chiese ansiosa: Figlio mio, cosa ti è successo oggi?
Il delfino rispose pentito: «Ho combinato un pasticcio che avrebbe potuto avere gravi conseguenze! Per fortuna, tutto si è risolto per il meglio! Da oggi in poi, non farò più scherzi sciocchi a nessuno!»
La madre, comprendendo che il figlio era finalmente cresciuto, gli disse soltanto: «Era ora!»

Conclusione

Aurora quella mattina si svegliò molto stanca.
Si era addormentata tardi ed aveva ancora molto sonno. Facendo colazione vide il padre: aveva occhi rossi ed occhiaie pronunciate.
Gli disse: «Padre! Come mai hai quella faccia stravolta?»
Il re guardò la figlia e le rispose: «Perché non so mai dire di no alla mia Principessa. Almeno ti ha insegnato qualcosa la storia del delfino burlone?»
«Si!» replicò Aurora. «Ho imparato che bisogna ragionare bene prima di agire!»
«Meno male» continuò il re. «Almeno queste nottate insonni trascorse a raccontar storie sono servite a qualcosa!»
Subito dopo, sbadigliando, si alzò da tavola ed andò a prendersi cura del suo regno…

Si sentiva più stanco del delfino...

Nota dell'autrice

Queste favole nascono da spunti di vita quotidiana con i miei due figli, Andrea ed Aurora.
Ho scelto temi attuali, inseriti in contesti fiabeschi, per attirare la loro curiosità. Sono convinta che questa sia la scintilla che porta al desiderio di conoscenza.
Tutti i luoghi descritti esistono veramente, anche se molte fiabe sono ambientate nel passato. Con questo accorgimento ho sperato di far loro capire che il mondo è grande e bisogna interessarsi anche a posti apparentemente lontani.
Solo il regno di Aurora è un luogo di fantasia, ispirato però dal fiume Metauro e dal torrente Arzilla, nelle Marche.

Nella prima fiaba ho provato ad affrontare il tema del bullismo. Ho scelto una formica perché, nell'immaginario dei bambini, solitamente, è indicata come sinonimo di debolezza ("Hai la forza di una formica!"). Ho cercato di incuriosire Andrea ed Aurora con una formica forzuta, spiegando poi loro che, in realtà, è uno degli animali più forti del mondo (in proporzione al peso). La forza deve però essere accompagnata dalla saggezza, altrimenti serve solo a creare problemi.

Nella seconda fiaba ho immaginato di raccontare il problema della crisi economica. Spero di averli tranquillizzati e di aver fatto loro intendere che, per una vita serena, non serve poi molto.

La favola del gatto magico viene di conseguenza: parlare insieme di cosa è davvero importante: certamente non la ricerca del superfluo, altrimenti ci comporteremmo come il Maharaja… Tigre esiste veramente, ma l'unica magia che riesce a fare è la moltiplicazione dei peli sul divano…

Discutere il tema del razzismo è stato più complicato. Ho infine scelto un paradosso, con cavalli di tutti i colori, dove l'ultimo arrivato è quello discriminato.
Nella vita reale, per partecipare ad una corsa come il Kentucky Derby, un cavallo deve essere di pura razza inglese. Nella fiaba viene isolato e deriso proprio un cavallo che arriva dall'Inghilterra… Spero di aver così inserito in profondità, nel loro dna, il concetto di stupidità del razzismo. Il Kentucky Derby mi aveva incuriosito anche perché, iniziato nel 1875, fino al 1900 ha visto vincere quasi sempre fantini afroamericani appena liberati dalla schiavitù...

Per conversare con i miei figli di disabilità ho pensato "La bambina che non sapeva parlare", sperando di far loro comprendere quanto ogni persona sia speciale ed unica. Certe volte siamo noi a dover riconoscere il suo "linguaggio segreto", apparentemente incomprensibile, fatto di modi diversi di muoversi, comunicare o pensare. Altrimenti siamo inabili a capirla...

Con il Delfino burlone ho cercato di metterli in guardia su quanto sia importante non prendere alla leggera giochi e scherzi: bisogna valutare bene ogni possibile conseguenza. Soprattutto in questi tempi, dove le sfide sui social possono

degenerare in qualcosa di molto pericoloso...
Vorrei aggiungere che le fiabe mi sono servite per iniziare una discussione ed un ragionamento con loro su un argomento...
I bambini, subito dopo, fanno mille domande e rispondere ai loro quesiti, provocando sempre nuove curiosità, penso sia uno dei compiti di noi genitori. È questo il modo, secondo me, attraverso il quale possiamo cercare di migliorarli e farli crescere. È la famosa "scintilla" che deve provocare un incendio. L'incendio, possibilmente sempre più esteso, del desiderio di conoscenza.

Per chi volesse conoscere i tempi ed i luoghi di ambientazione delle fiabe, io me li sono immaginati così:

- **La formica forzuta:** Egitto, XXV secolo a.C.
- **Il bambino povero:** Regno Unito, XIX secolo.
- **Il gatto magico:** India, XII secolo.
- **Il cavallo rosso:** Stati Uniti, fine XIX secolo.
- **La bambina che non sapeva parlare:** Australia, XX secolo.
- **Il delfino burlone:** Cina, XXI secolo.

Indice

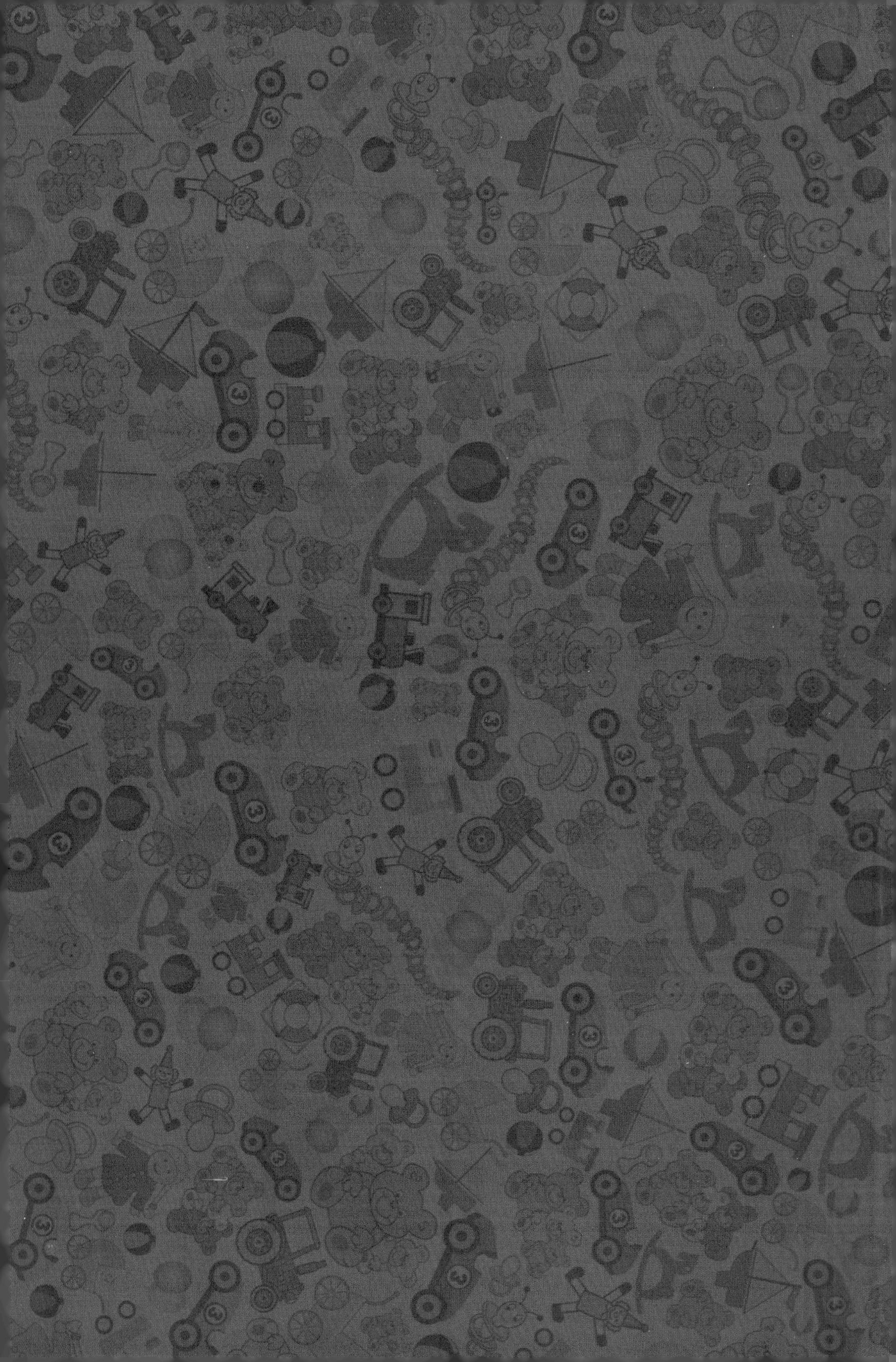